UN AMI DU GÉNÉRAL BONAPARTE

Les Souvenirs

DU

RECEVEUR GÉNÉRAL COLLOT

D'APRÈS

DES DOCUMENTS EN PARTIE INÉDITS

Par Clarisse BADER

Extrait de « L'Université Catholique »

LYON

IMPRIMERIE EMMANUEL VITTE

RUE DE LA QUARANTAINE, 18

1898

LES SOUVENIRS

DU

RECEVEUR GÉNÉRAL COLLOT

Les Souvenirs

DU

RECEVEUR GÉNÉRAL COLLOT

D'APRÈS

DES DOCUMENTS EN PARTIE INÉDITS

Par Clarisse BADER

Extrait de « L'Université Catholique »

LYON

IMPRIMERIE EMMANUEL VITTE

RUE DE LA QUARANTAINE, 18

1897

UN AMI DU GÉNÉRAL BONAPARTE

LES SOUVENIRS

DU

RECEVEUR GÉNÉRAL COLLOT

D'APRÈS DES DOCUMENTS EN PARTIE INÉDITS [1]

I

UN HOTEL DE LA CHAUSSÉE-D'ANTIN SOUS LE DIRECTOIRE
LES NOTES DE M. COLLOT SUR NAPOLÉON

Dans la précieuse collection laissée par M. François Barrière et d'où j'ai extrait des lettres et des mémoires inédits de madame Roland ainsi que de nouveaux documents sur Marie-Antoinette, se trouvaient aussi quelques pièces concernant l'histoire napoléonienne.

[1] Papiers de la collection Barrière, lettres et manuscrits de M. Collot; notes manuscrites de M. Barrière; *Journal des Débats*, articles de M. Barrière, 15 septembre 1846, 2 décembre 1849, 31 décembre 1850, 29 mars 1854; les curieuses notes historiques de Jean-Pierre Collot dans son poème, *la Chute de Napoléon*, 1846 (très rare), et les mémoires du temps.

Napoléon, Daru, Lemercier. — La maison du poète Lemercier, lisais-je au dos d'une feuille manuscrite in-4°; et M. Barrière qui avait écrit cette note, avait ajouté plus bas : « De la main de l'excellent M. Collot. »

Dans un article des *Débats*, publié à la date du 15 septembre 1846, M. Barrière racontait avec infiniment de grâce comment il avait connu « l'excellent M. Collot », d'abord banquier, fournisseur de l'armée, puis receveur général, directeur de la Monnaie, enfin, sur ses vieux jours, poète et, sans le savoir, historiographe de Napoléon. Il avait été l'ami du général Bonaparte, mais l'ami clairvoyant qui s'éloigna de lui dans sa puissance et ne le célébra que dans ses revers.

Lorsque François Barrière connut M. Collot, il n'avait que dix ans, nous dit-il. Ce dut être en 1797, au moment où le fournisseur des vivres revenait de l'armée d'Italie.

Les lettres seules attiraient le jeune Barrière. Son père préférait une carrière moins honorifique. Pour lui faire apprécier les avantages de la fortune, il mena l'enfant chez l'opulent financier qui demeurait alors à la Chaussée-d'Antin.

L'hôtel de M. Collot s'élevait entre une cour et un jardin. L'enfant parcourait, émerveillé, les salons où les statues et les tableaux de maîtres jetaient une note artistique au milieu des élégances du luxe. « On ouvrit enfin, dit-il, la porte du dernier cabinet : à mon idée, j'allais voir Turcaret ou Mondor; quelle erreur!

« Le possesseur de ce charmant hôtel était assis auprès d'une bibliothèque en bois de rose. Quel âge pouvait-il avoir? Trente-quatre ans environ. Il était grand, bien fait, ses traits étaient beaux, ses manières naturelles et distinguées, sa parole était douce, et dans sa physionomie réfléchie régnait autant de bienveillance que de sérénité. Jugez si je fus attentif à ses premiers mots. On désirait qu'il me parlât finance, fournitures, entreprises ; il me parla des plaisirs de l'étude, des beaux-arts et surtout des lettres. — « Vous les aimez donc bien, mon petit ami? me dit-il; mais je les aime aussi, moi qui vous parle.

Tout ce qu'on ambitionne dans la jeunesse et dans l'âge mûr, j'en jouis : un peu d'aisance, des chevaux, des voitures, une loge à l'Opéra, aux Français.... Ces bronzes, ces marbres, ces tableaux que j'ai rapportés de l'Italie, sont des chefs-d'œuvre. Dans ce petit hôtel j'ai rassemblé ce qui charme la vie.... On me croit heureux, et je le suis, savez-vous pourquoi? C'est que chaque jour je reviens ici consacrer quelques heures aux dieux de ma jeunesse : je relis Ovide, Horace, Virgile, oh! Virgile surtout, et j'oublie près d'eux ces mille succès que le monde réserve aux plus fortunés. » Il n'avait pas dit un mot de finance : quel bonheur, je pourrais donc être pauvre à mon aise ! »

— Cinquante ans plus tard, M. Barrière avait pu donner une vie déjà longue à ses travaux de prédilection, tout en couronnant par un poste élevé à la préfecture de la Seine la carrière administrative qui restreignit pour lui la liberté « d'être pauvre à son aise », liberté dont le rêve avait souri à ses dix ans, mais dont la réalisation trop absolue lui aurait semblé peu pratique dans la suite des temps.

Rédacteur au *Journal des Débats*, il venait de consacrer un article à cette période impériale qu'il avait traversée et qu'illumina trop souvent avec de sanglants reflets la gloire de Napoléon.

Le lendemain, le critique des *Débats* recevait un poème intitulé : *la Chute de Napoléon*. Ce livre était de M. Collot, que M. Barrière n'avait pas revu depuis cette première rencontre que rappela son feuilleton du 15 septembre 1846.

M. Collot avait alors quatre-vingt-trois ans, et c'était à soixante-dix-sept ans qu'il avait publié le premier chant de son poème, son début littéraire ! Il se souvenait bien du jour lointain où il avait encouragé la vocation naissante de l'enfant qui, devenu lui-même presque un vieillard, jugeait en maître son tardif début, et il lui écrivait :

« Je n'avais point oublié le jour où M. votre père vous conduisit chez moi. Vous veniez de terminer vos classes. »

— A dix ans! c'eût été un peu trop de précocité! Peut-être la mémoire du poète presque nonagénaire l'avait-elle quelque peu trahi, — à moins que, par une innocente coquetterie, le critique, alors sexagénaire, ne se fût quelque peu rajeuni en augmentant la différence de leurs âges : la date n'y était pas !... « Il y a de cela... oh ! ma foi, je ne le dirai pas; c'est trop loin ! » avait écrit l'aimable rédacteur des *Débats*. Moins discrète, nous l'avons dit.

M. Collot n'avait pas oublié l'influence que cet entretien avait eue sur le père de M. Barrière et ainsi sur la destinée de son fils : « Il voulait vous diriger dans la carrière commerciale. Je lui conseillai de vous laisser cultiver votre goût pour les lettres. Je lui prédis vos succès. Ils ont dépassé ses espérances, mais non les miennes. Je m'applaudis d'avoir contribué à donner à la France un de ses critiques les plus judicieux, un de ses écrivains les plus purs, enfin un littérateur qui, au sein des occupations administratives les plus importantes, sait cultiver les lettres avec distinction. » (Marseille, 21 septembre 1846.)

M. Barrière, l'éditeur de tant de mémoires historiques, pressait l'ancien ami du général Bonaparte d'écrire ses souvenirs. Mais celui-ci lui répondait, avec une grande modestie et une touchante expression, ces mots que je détache d'une de ses lettres et qui montrent bien dans le vieillard ce caractère si noble et si doux qu'un enfant avait aimé dans le jeune homme de 1797 :

« Vous voudriez que j'écrivisse des mémoires. Mais pour les rendre intéressants, instructifs, il faudrait avoir *occuppé* dans le monde un rang élevé, avoir pris part aux évènements racontés, pouvoir dire : *quorum pars magna fui*. Je n'ai rien de cela. Je pourrais tout au plus rapporter quelques anecdotes. Mais on ne les lit qu'assaisonnées de *satyre* et d'indiscrétion. Dès lors plaintes, rumeurs, représailles. A mon âge, on craint le bruit et surtout les inimitiés. D'ailleurs, dans le siècle où nous vivons, les esprits ne sont *préoccuppés* que des bouleversements que nous avons subis, et de ceux qui nous menacent. Il faut donc que la littérature cède la place à la politique, à moins qu'on ne soit assuré, comme vous, de trouver des lecteurs empressés à vous lire. » (17 décembre — l'année manque.)

Mais ces mémoires, M. Collot les avait écrits à son insu dans les notes mêmes qui accompagnent *la Chute de Napoléon*, notes infiniment précieuses qui forment 85 pages d'un volume in-8º devenu fort rare. Elles comprennent entre autres documents une notice sous forme de lettre, notice demandée à l'auteur par Mlle de Dino, petite-nièce du prince de Talleyrand, depuis comtesse de Castellane. Pendant une saison à Bourbonne, en 1834, elle avait entendu M. Collot, ancien ami de Talleyrand, raconter à son grand-oncle ce qu'il avait vu et entendu pendant la première campagne de Bonaparte en Italie. Elle lui demanda d'écrire pour elle ce qui l'avait si vivement intéressée. Nous devons à ce désir d'une intelligente jeune fille un curieux document de l'histoire napoléonienne.

II

PENDANT LA PREMIÈRE CAMPAGNE D'ITALIE. — AU MONT CERVO ET DANS LA REDOUTE DE DEGO. AIGLE ET VAUTOUR. — LE PETIT CAPORAL ET SES SOLDATS. — LE NOUVEAU VASE DE SOISSONS. — BONAPARTE ET LA BELLE PRISONNIÈRE DE CAIRO.

M. Collot avait connu Bonaparte en 1793, à l'armée de Nice, chez le général Biron, l'ancien duc de Lauzun de galante mémoire. Pour échapper à la Terreur, le jeune banquier s'était chargé en partie du service des vivres. Il se trouvait ainsi en relations journalières avec le général Bonaparte et l'ordonnateur en chef, M. Chauvet.

Quand, après le 13 vendémiaire, Bonaparte fut nommé général en chef de l'armée d'Italie, il se rendit chez M. Collot avec M. Chauvet pour le presser de reprendre son service. Tout d'abord, le banquier refusa. Il ne courait plus à Paris les dangers qui lui avaient fait suivre naguère l'armée; il se livrait à des opérations financières qui lui rapportaient des bénéfices considérables. Mais ses amis insistèrent. M. Chauvet lui fit comprendre que l'armée « dénuée de tout », avait besoin non seulement de ses services, mais de son crédit. M. Collot se sacrifia. Il accompagna le général Bonaparte à Nice où se trouvait le quartier général. M. Chauvet les précéda à Gênes.

Au début de la campagne, Bonaparte traversait Dano et une petite plaine d'oliviers. Un courrier arrive de Gênes et présente une dépêche au général. Bonaparte la lit.

— Chauvet est mort, dit-il à M. Collot. Qui mettrons-nous à sa place ? » Rien de plus. L'oraison funèbre était courte. Elle était familière d'ailleurs à celui qui, en apprenant la perte de l'enfant qu'il avait appelé à la succession de l'empire, disait bien des années après : « Je ne m'amuse pas à penser aux morts. » (1)

La douleur de M. Collot contrastait avec cette froideur. Napoléon en réprima l'explosion : « Ce n'est point le moment de gémir, dit-il, il faut être tout entier à l'armée. »

« Ce langage me serra le cœur, nous dit ici le compagnon de Bonaparte. Je ne cherchai point à concevoir la grandeur de ce stoïcisme, peut-être nécessaire aux hommes destinés à gouverner le monde. J'étais navré, je ne vis devant mes yeux qu'une âme de glace. Cette première impression a beaucoup influé sur ma vie et me porta à me séparer de lui à Malte, lorsqu'il allait conquérir l'Egypte. »

L'armée suivait la merveilleuse route de Gênes, cette vieille corniche romaine suspendue entre la mer et cet autre océan, cet océan de pierre qui a pour vagues immobiles les blancs sommets des Alpes Maritimes. Devant ces deux infinis, celui de la mer et celui de la montagne, Napoléon rêvait-il à l'immensité de Dieu — ou à la puissance qu'il portait en lui pour marcher à la conquête du monde ? Au delà des flots bleus où se baigne une lumière d'or, devinait-il l'Egypte ? Peut-être !

(1) Mme de RÉMUSAT, *Mémoires*, tome 1er. Au tome III, Mme de Rémusat donne une autre version de la même pensée. Napoléon répondit qu'il n'avait pas le temps de s'amuser à penser et à sentir comme les autres hommes. »

La troupe s'était engagée dans la montagne.

« Nous gravissons le mont Cervo, » dit le compagnon du général. « De son sommet, on découvre toute la chaîne italique des Alpes. Bonaparte s'arrête, l'observe, et, me montrant le mont Viso : « Il a passé par là, me dit-il. — Qui? « — Annibal. » Je lui expose que ce n'est pas l'opinion des hommes qui se sont occupés d'éclaircir cette question, et nous discutons sur le mont Genèvre, sur le mont Cenis et le petit Saint-Bernard. Lui, prolongeant ses regards, les porte vers l'extrémité orientale de cette chaîne, au-dessus de laquelle s'élevaient des nuages : « Qu'est-ce? me dit-il les montrant du doigt, n'est-ce pas le Tyrol? — Je ne saurais l'affirmer, mais il est dans cette direction. — Nous y serons dans deux mois. » Je le regarde étonné; lui me répète : « Oui, dans deux mois. » Je dois le dire, il prononça cette prophétie d'un ton d'assurance et de calme à étouffer toute parole d'incrédulité. Je n'en laissai donc échapper aucune; elles s'arrêtèrent sur mes lèvres; mais je ne pus embrasser une si vaste espérance. Préoccupé, comme je l'ai dit, du besoin qu'avait Bonaparte de nouvelles avances, une telle prédiction, sortie d'une bouche à peine virile, me parut proférée dans ce seul but, ou inspirée par cet esprit de suffisance trop commun dans la jeunesse. Que je le jugeais mal! Tout ce qu'il m'annonçait, il le voyait de cet œil perçant et infaillible que le ciel accorde aux hommes de génie. Voilà pourquoi ceux qui ont le bonheur de les approcher et de les suivre, les croient doués d'une seconde vue. »

Aux marches ont succédé les combats. Montenotte, Millesimo, ont glorieusement ouvert la campagne. La redoute de Dego a été reprise sur l'ennemi par le général Causse et le commandant Lanusse, un ancêtre, à coup sûr, du vaillant aumônier de Saint-Cyr?

En montant à la redoute, Bonaparte rencontre le général Causse, blessé mortellement et transporté sur un brancard. Il lui témoigne son chagrin de le voir dans cet état. « La redoute est prise, répond Causse; je meurs content. »

Le combat de Dego fit faire à notre témoin une étrange

et lugubre remarque : « C'est là que je vis combien l'expression de mordre la poussière est une expression propre et non figurée. Un grenadier autrichien avait le dessus du crâne emporté. Dans son agonie, il se cramponnait de ses mains à la terre, et de ses dents, il la mordait. »

Bonaparte était monté dans la redoute. Elle était jonchée de morts. « Ce spectacle, dit-il, fait toujours plaisir au vainqueur. » — « Et la joie brillait dans son regard. »

En lisant ce trait, M. Barrière disait : « Tout à l'heure, quand du mont Cervo son regard s'élançant du Piémont au Tyrol, marquait les jours d'étape à la victoire, on pouvait dire : « Voilà son génie ! » Faudrait-il dire, hélas ! après ces mots qu'on vient de lire : « Voilà son âme ! »

Et j'ajouterai : au mont Cervo, c'était l'aigle perçant de son coup d'œil jusqu'aux nuages de l'avenir et commençant à déployer la puissante envergure de ses ailes. A la redoute de Dego, si le sentiment de Napoléon a été tel que l'a jugé son compagnon, ce serait le vautour se réjouissant à l'aspect du carnage ; ce serait le guerrier d'Homère insultant au cadavre de son ennemi, ce serait la vendetta du Corse survivant à la mort de l'homme qu'elle a poursuivi et frappé. Où est ici le héros chrétien contemplant avec tristesse ce champ de bataille où, après la victoire, amis et ennemis dorment ensemble leur dernier sommeil ? Ah ! Nous comprenons l'enthousiasme du guerrier jeté dans la mêlée tandis que le canon gronde, que la charge sonne, que la chanson de l'épée se fait entendre dans le cliquetis du fer et que l'odeur de la poudre enivre le combattant. Mais quand le silence de la mort a succédé au tumulte de l'action, il n'y a plus de place alors que pour la pitié, pleine d'admiration, due aux victimes, et pour l'angoisse qui saisit le cœur de l'homme devant le prix que coûte la guerre.

Napoléon le comprendra mieux le jour où après le combat de Halle, il saluera avec respect les cadavres des ennemis. Mais n'est-ce pas cependant vers ce temps que sur un champ de bataille où sont étendues les victimes d'une effroyable destruction, il les poussera du pied en disant : « C'est de la petite espèce ! »

Il faut dire aussi que pour les grands conquérants — et il en fut ainsi surtout pour Napoléon, — les vies humaines comptent peu. Tel était d'ailleurs l'enthousiasme de ces temps héroïques que les gerbes de combattants s'offraient d'elles-mêmes à la sanglante moisson pour remplacer celles qui avaient été fauchées. Souvenons-nous des superbes tableaux tracés par Alfred de Musset : « La mort elle-même était si belle alors, si grande, si magnifique dans sa pourpre fumante ; elle ressemblait si bien à l'espérance, elle fauchait de si verts épis, qu'elle en était comme devenue jeune, et qu'on ne croyait plus à la vieillesse. Tous les berceaux de France étaient des boucliers, tous les cercueils en étaient aussi ; il n'y avait vraiment plus de vieillards, il n'y avait que des cadavres ou des demi-dieux. »

Et quel entrain dans cette admirable armée ! M. Collot le constatait une fois de plus à Dego : « La bravoure et l'ardeur de nos soldats avaient fait tant d'impression sur Bonaparte, qu'en descendant de cette redoute il dit aux personnes qui l'entouraient : « Avec vingt mille hommes « pareils, on peut traverser l'Europe. » — « Ceux qui ont vu ces hommes sont forcés d'avouer qu'il serait impossible d'en trouver de plus braves, de plus dociles et de plus actifs.

« A quelques pas de là, un des grenadiers gascons, devant qui passait le général Bonaparte, dit en riant : « Si « ce petit caporal nous mène de ce train, je lui promets « qu'il ne nous verra jamais en arrière. » — « Ce nom de petit caporal circula ; et, durant toute la campagne, à chaque action brillante, le soldat se plaisait à le donner à ce général.

« Cette campagne n'était ouverte que depuis six jours, et, avec moins de trente mille hommes, Bonaparte en avait vaincu soixante mille, avait fait huit à neuf mille prisonniers, et tué ou blessé autant d'ennemis. Je ne saurais dire à quel point d'ivresse et d'orgueil des triomphes si éclatants, si multipliés, si rapides, transportaient notre armée, et quelle noble émulation brillait dans tous les rangs. C'était à qui arriverait le premier à une redoute, à qui se jetterait le premier sur une batterie, passerait le premier une rivière, montrerait, enfin, le plus de dévouement et d'audace. »

Ils avaient répondu à l'appel de leur jeune général, ces soldats « mal nourris, presque nus » au début de la campagne. Ils étaient allés chercher « honneur, gloire, richesse ». Mais il fallait discipliner cette ardeur, réprimer les excès du pillage.

Après le passage de la Cursaglia, des moines viennent se plaindre au général d'un sacrilège commis par ses soldats : ils ont profané et volé des vases sacrés. Bonaparte fait fusiller les coupables et exposer leurs cadavres sur la route que suit l'armée pour que leur châtiment lui serve d'exemple.

Il y eut des murmures dans l'état-major même. Telle était alors l'absence de foi que ces hommes ne croyaient pas qu'il fût plus mal de piller une église, de profaner des vases sacrés, que de saccager un champ.

C'était à de nouveaux Francs que Bonaparte rappelait le terrible exemple du vase de Soissons.

Napoléon lui-même s'astreint à une sévère discipline. A Cairo, une prisonnière lui est amenée : c'est la femme d'un officier; elle est jeune, elle est belle. Bonaparte l'a remarqué, et l'on connaît la fougue de ses passions. L'effroi se lit sur la figure de la captive. Le général la traite avec respect; il la rassure et la fait reconduire avec une escorte aux avant-postes ennemis. Il sacrifiait alors ses passions même à sa glorieuse mission, et il garda cet empire sur lui-même pendant toute cette campagne. Ajoutons que l'image de Joséphine était alors bien enivrante et qu'elle triomphait dans son cœur. Plus tard, quand la radieuse image s'estompera pour lui, il ne renouvellera plus guère le trait de Scipion. Mais n'anticipons point sur l'avenir, et ne voyons en ce moment que le héros qui donne à ses soldats l'exemple du courage moral comme du courage guerrier, et aussi le conquérant qui marche à l'empire du monde en se dominant lui-même.

III

ROBESPIERRE JUGÉ PAR LE GÉNÉRAL BONAPARTE — UN ROBES-
PIERRE PRÉCURSEUR DE L'ESPRIT NOUVEAU — NAPOLÉON, LE
CLERGÉ ET LA RÉVOLUTION.

C'était à Ancône, en 1797. Napoléon marchait sur Rome.
A Ancône, quelques convives réunis avec M. Collot chez
Bonaparte, entendirent avec stupeur le général émettre et
défendre cet étrange paradoxe : « Depuis son origine, la
France n'a eu qu'un gouvernement fort : celui de Robes-
pierre. »

Devant les protestations de ses hôtes que terrorisait
encore le nom seul du tyran, il soutint que Robespierre
marchait vers un gouvernement réparateur, vers l'organi-
sation sociale de la Révolution. Celui-ci se serait « appli-
qué à dominer les partis en les opposant l'un à l'autre. Il
aurait dit aux jacobins : Si vous me perdez, vous êtes
perdus ; je le suis si je vous perds. Je n'ai de force que la
vôtre ; vous n'avez que la mienne. Efforçons-nous donc de
consolider notre puissance. Mais, pour atteindre ce but,
il faut en changer la direction. C'est assez de sang répandu,
même trop : la France ne peut en supporter plus longtemps la vue. Arrêtons-en l'effusion, nous en rejetterons
ainsi l'odieux sur les traîtres que nous avons immolés. Ils
avaient poussé la révolution aux excès pour la faire avor-
ter ; il faut la ramener dans ses justes limites, si nous vou-
lons en recueillir le fruit. Le seul dont je sois jaloux, c'est
de pouvoir vous récompenser de vos nobles efforts. »

« Aux royalistes il aurait dit : « Gardez-vous de susciter
le moindre trouble, de faire craindre la moindre réaction ;
vous inquiéteriez les terroristes ; ils en exigeraient la
répression ; ils l'exigeraient prompte et sanglante. Je ne
serais plus le maître de m'y opposer ; ils me massacre-
raient si je le tentais ; vous verriez alors la terreur renaî-

tre. J'ai pu seul la comprimer : je le pourrai tant que vous serez tranquilles, que vous ne penserez plus au passé. Il faut l'oublier, sous peine de voir votre sang ruisseler. J'ai adouci vos maux ; je veux les adoucir encore, les effacer même, si c'est possible ; mais laissez-vous conduire ; contentez-vous des gages que je vous ai déjà donnés, je ne tarderai point à vous en donner de nouveaux et de plus efficaces. Laissez mon pouvoir se consolider, si vous voulez que je puisse cicatriser vos plaies. Ce langage et des faveurs spéciales accordées avec discernement auraient maintenu la tranquillité. »

Et Bonaparte montrait comment Robespierre aurait envoyé ses armées à la conquête du monde, relevé le crédit national, démonétisé les assignats, exigé des impôts plus élevés et payés en numéraire. « La France, poursuivait-il, est un pays trop riche pour périr par les finances sous des mains habiles. Les chefs de tous les partis, comblés de faveurs, auraient prôné cette mesure ; les journaux et les meilleurs écrivains, largement salariés, auraient exalté son génie, la douceur de son gouvernement ; tous ceux qui auraient osé l'attaquer auraient été intimidés ou frappés, et réduits au silence.

« Pour augmenter ses partisans, il aurait relevé les autels, rétabli le culte et protégé le clergé. Sa fête à l'Etre suprême était le premier jalon dressé sur cette route. Il était trop habile pour ne pas savoir que le frein des lois ne suffit point pour museler le peuple, qu'il faut le garrotter de religion. Il s'y serait porté avec toute cette ardeur et cette adresse qu'il mettait à l'exécution de ses desseins. Les prêtres, charmés de ce retour inespéré, l'auraient secondé ; et, lorsqu'il serait parvenu à leur rendre leur considération, à consolider leur existence, ils auraient prêché que le ciel avait daigné l'éclairer, l'inonder de sa grâce, et peut-être auraient-ils fini par le béatifier.

« Voyez Auguste : il s'était vautré dans le sang de ses amis, de ses parents, de son tuteur. Quand il se fut débarrassé d'Antoine, quand il eut subjugué tous les partis, fait cesser l'effusion du sang, rendu partout ses armes triomphantes, et ramené dans Rome l'abondance et les jeux, les premiers écrivains de son siècle chantèrent sa clémence, son génie, l'éclat et la douceur de son gouvernement ; les premières familles patriciennes vinrent se ranger sous ses lois ; le sénat le proclama empereur et père de la patrie ; et, après quarante ans d'un règne paisible et glorieux, il mourut tranquille, regretté ; et, à sa mort, les Romains en firent un dieu. Tant il est vrai que le droit, c'est la force. »

Robespierre présenté par Napoléon comme un restaurateur du culte, comme un précurseur de ce que l'on nommerait aujourd'hui l'esprit nouveau ! C'eût été là, à coup sûr, un miracle plus éclatant que celui de la conversion de saint Paul sur le chemin de Damas ! Mais, n'en déplaise au général Bonaparte, il est moins aisé de faire un saint dans l'Eglise qu'un dieu dans le sénat de Rome ; et Napoléon qui restaura les autels, sans avoir au préalable guillotiné les prêtres et les fidèles, ne semble néanmoins pas destiné à la canonisation.

Pour arriver aux résultats que Bonaparte présentait à ses hôtes, Robespierre aurait eu un but déterminé, la volonté d'y parvenir, la force d'y marcher, mais il n'aurait pas su diriger cette force : il n'était pas « homme de guerre ». Le 9 thermidor, un général lui aurait manqué pour le sauver et lui permettre de réaliser ses desseins.

L'homme de guerre, le général s'était levé : il allait accomplir pour son compte l'œuvre dont il attribuait la pensée à Robespierre.

Pendant deux heures le général développa ce thème. Ce fut une longue et curieuse discussion, que passionnèrent les objections, les dénégations des assistants. Lorsqu'ils se retirèrent, l'un d'eux se prit à dire : « Je crains que cet homme n'aime mieux faire du bruit que du bien. »

C'était bien son programme qu'il avait développé en l'attribuant à Robespierre. L'idée même du Concordat est en germe dans cette conversation. M. Collot croit que, lorsque le général Bonaparte fit fusiller ceux de ses soldats qui avaient profané et volé des vases sacrés, il préparait de

2

loin son alliance avec le clergé. Le narrateur attribue aussi à la même pensée la sollicitude avec laquelle, dans cette même campagne, il assura l'existence de prêtres émigrés.

Napoléon réalisa ses desseins, il fit triompher l'ordre. Premier consul, empereur, il sut organiser les forces vives de la nation et protéger la première d'entre elles, la religion, jusqu'au jour fatal où il osa emprisonner le souverain pontife.

D'après une note de M. Collot — note dont je n'ai pas trouvé le manuscrit dans les papiers de M. Barrière, et que je n'ai vue que dans un de ses articles des *Débats* (2 décembre 1849) — l'empereur ne se serait pas fait illusion sur la durée de l'ordre qu'il avait rétabli en France : « La révolution, aurait-il dit, est une histoire à laquelle j'ai mis un signet; après moi elle sera reprise à la page où je l'avais arrêtée. »

D'autres signets ont été mis depuis à ce livre terrible. Mais toujours il a été repris, livre perpétuel, semble-t-il, et qui paraît nous réserver ses pages les plus redoutables.

Il en jugeait comme l'empereur, ce préfet de la Seine, le comte Frochot, montrant à M. Barrière, d'une fenêtre de la salle Saint-Jean à l'Hôtel-de-Ville, les lieux témoins des premières explosions révolutionnaires, et la hideuse lanterne où fut pendu Foulon et d'où sa tête fut détachée pour être portée au bout d'une pique. « Quel temps ! quelles scènes ! » répondait son jeune interlocuteur : heureusement que la révolution est terminée. — Terminée ! terminée ! répliqua le préfet; mon pauvre enfant, elle commence à peine ! (1). » Et c'était en 1805 !

Mais revenons aux jours où, par le 18 brumaire, Bonaparte inaugura la mission dont il attribuait la pensée à Robespierre.

(1) Note manuscrite de M. Barrière.

IV

LE 18 BRUMAIRE

M. Collot nous a dit que les paroles de Bonaparte, en apprenant la mort de l'ordonnateur Chauvet, l'avaient éloigné de lui et décidé à ne pas le suivre en Egypte.

Les notes de son poème ne nous apprennent rien sur les rapports qu'il eut avec Bonaparte au retour de l'expédition d'Egypte, pendant et après le 18 brumaire. Cette lacune est comblée par les *Mémoires* de Bourrienne, fort sujets à caution il est vrai, mais rectifiés par ceux de la duchesse d'Abrantès et le témoignage de deux lettres adressées par M. Collot à la veuve de Junot (1).

Ainsi que la duchesse d'Abrantès, Bourrienne donne une certaine importance au rôle que remplit alors auprès de Bonaparte le fournisseur des armées. Mais c'est surtout le témoignage de M. Collot qui est intéressant à recueillir dans cette période décisive qui fit de Napoléon le maître de la France. Bourrienne reçut de M. Collot de précieuses confidences pendant leurs conversations de Milan, et c'est lui-même qu'il fait parler le plus souvent.

M. Collot lui racontait tout d'abord la curieuse visite de Bonaparte au Directoire à son retour d'Egypte.

« ...Bonaparte se rendit au Directoire avec tant de précipitation que les directeurs, ne l'attendant pas si tôt, n'avaient pas eu le temps de s'accorder sur la réception qu'ils lui feraient. Un huissier l'annonce. Les directeurs, embarrassés, le laissent quelques instants dans le salon d'attente. Il s'impatiente, sort et descend pour remonter en voiture. Les directeurs avertis font courir sur ses pas.

(1) Pendant même que nous revoyons les épreuves de cet article, nous apprenons que M. Collot a laissé des descendants. Peut-être auraient-ils entre les mains les notes que leur aïeul aurait certainement ajoutées à son poème s'il l'avait continué ?

Il remonte, et trouve un des cinq souverains accouru au-devant de lui. Arrivé près de leurs fauteuils, il les aborde plein d'assurance, comme un homme qui venait bien plutôt demander compte de leur conduite que justifier la sienne...

« ...A peine osa-t-on le questionner sur l'armée d'Egypte; le temps au contraire se passa à répondre à ses questions sur la situation de la France, et il ne mit fin à cette séance qu'au moment où il fut assez convaincu de sa supériorité. »

« Dans la soirée, dit aussi Bourrienne, M. Collot, qui voyait beaucoup de monde, rencontra plusieurs personnes dont l'avis était que le Directoire aurait dû châtier l'insolence du général envers lui, le traduire devant une commission militaire et le fusiller comme déserteur, et comme infracteur des lois sanitaires du pays. »

« Toutes ces clameurs étaient bien vaines... » Bonaparte avait pour lui l'opinion publique, l'immense besoin d'ordre et d'autorité qu'éprouvait le pays, le mépris enfin qu'inspirait à la France le Directoire avec « ces cinq fantômes d'autorité qui ne formaient même pas l'ombre d'un gouvernement ». Est-elle de M. Collot ou de M. de Bourrienne cette superbe expression ?

Amis de la veille, dévoués dans l'adversité comme dans la prospérité, courtisans du jour flairant le lendemain, citoyens croyant voir en Bonaparte le sauveur du pays, tous se pressaient autour du jeune général dans sa maison de la rue Chantereine. M. Collot se tenait à l'écart.

Sous l'inspiration de Bonaparte, mais paraissant agir de son propre mouvement, Regnault de Saint-Jean-d'Angély écrivit à M. Collot :

« Vous auriez été bien aise, mon cher Collot, d'être dans ma poche ; vous auriez recueilli, il y a une heure, des éloges qui vous auraient flatté. Vous auriez entendu dire que vous étiez bon, sensible, bienfaisant; que vous inspiriez de l'affection, de l'estime ; et tout cela c'est Bonaparte qui le disait à Arnaud et à moi. Allez donc le voir ; il vous recevra avec plaisir. »

Le lendemain M. Collot se rendait à cet appel indirect.

Bonaparte, entouré d'un cercle nombreux, était adossé à la cheminée. Modérés et jacobins se groupaient ici : « Ainsi qu'il l'avait prévu, dit le prince de Talleyrand, les divers partis virent en lui non un homme à qui il fallait demander compte de sa conduite, mais celui que les circonstances rendaient nécessaire et qu'il fallait gagner. » (1)

On cherchait à sonder le général, mais il ne se livrait pas. « Bonaparte écoutait, parlait peu, dit M. Collot à Bourrienne, et se bornait aux questions propres à soutenir et diriger la conversation. Elle dura près de trois heures, et se termina par ces paroles remarquables : « Ma situation « est bien particulière. Bon nombre de personnes viennent « m'offrir le pouvoir, comme si elles pouvaient en dis- « poser. Si elles le pouvaient, elles s'en seraient déjà em- « parées ! *Mais ce n'est point facile, aujourd'hui surtout.* » « Ces derniers mots, me dit M. Collot, furent prononcés d'un ton qui avait quelque chose du défi, et cependant avec un air de simplicité qui ne permettait pas d'y trouver l'injure. »

Au bout de trois heures, tous ceux qui se pressaient dans ce salon, députés, généraux, magistrats, furent congédiés par Bonaparte avec la même désinvolture que s'il avait été déjà le maître de la France. « C'est qu'il jugeait que, sous un gouvernement pourri, per- sonne n'avait de consistance réelle, que personne ne pouvait lui être d'un véritable secours, et que, par consé- quent, il ne devait accepter de services d'aucun parti, pour n'être pas bientôt importuné de ses exigences. En s'ap- puyant sur l'un d'eux, il aurait craint de se produire aux yeux de la France comme un chef de factieux, tandis qu'il aspirait bien sincèrement à être regardé comme le res- taurateur paisible de l'Etat qui croulait sous le poids de l'opprobre. »

De tous ses visiteurs, Bonaparte n'avait retenu que M. Collot. Pour la première fois depuis leur séparation à Malte, les deux anciens amis de la campagne d'Italie se

(1) TALLEYRAND, *Mémoires*, tome Ier.

retrouvaient dans l'intimité d'autrefois. M. Collot dit au général qu'il aurait craint de passer pour « un adorateur de la bonne fortune » s'il s'était présenté chez lui sans convocation.

« Vous n'aviez pas cette crainte, répondit Bonaparte ; vous m'aviez trop bien prouvé que vous ne couriez ni après l'argent, ni après les faveurs. Dites plutôt que vous aviez été retenu par un peu d'embarras, et surtout par un peu de fierté ; c'est elle qui nous a séparés à Malte ; sans elle vous m'auriez suivi en Egypte. Vous rappelez-vous la lettre que vous m'avez écrite en me quittant ? — Oui, général. — Il y avait de l'épigramme. — Si j'avais pu le craindre, j'aurais jeté la plume ; je l'ai laissée courir parce qu'elle était tout effusion. — Oui, il y en avait beaucoup, mais aussi un peu d'âcreté. Ne revenons point sur ce passé ; je veux l'oublier. »

Et Bourrienne ajoute malicieusement : « Bonaparte, il faut lui rendre cette justice, oublia complètement ce passé, tant qu'il eut besoin de M. Collot, et il ne s'en souvint que quand il crut pouvoir s'en passer. »

Les relations quotidiennes reprirent entre les deux amis. « M. Collot était au courant de toutes les menées et contre-menées » aussi bien du côté des ennemis de Bonaparte que du sien. Il assista à tous les conciliabules qui préparèrent le 18 brumaire. Le 16, Bonaparte lui dit : « Collot, ayez une maison à Saint-Cloud. Arrangez-la pour y donner à souper au premier soir à vingt-cinq ou trente personnes. »

M. Collot avait la double baguette magique du dévouement et de la fortune. La maison fut prête, la table aussi. Et Bonaparte lui dit dans la matinée du 18 brumaire : « Nous y souperons demain. »

Dans la nuit, le conseil des Anciens avait décidé que, pour échapper à un complot des jacobins, la représentation nationale se transférerait le 19 à Saint-Cloud et que le général Bonaparte aurait le commandement des troupes destinées à la protéger.

Le récit des journées du 18 et du 19 brumaire est singulièrement dramatique dans l'exposé que M. Collot en fit à

Bourrienne. On sent là le témoin qui a vu, qui a entendu, qui a même agi. Sans doute ce n'est là que du Collot de seconde main, du Collot parlé et non écrit. Mais comme nous reconnaissons bien dans les tableaux reproduits par Bourrienne la touche du peintre telle qu'elle nous apparaît dans les notes de son poème ! Il y a là des scènes d'une vie intense.

La première est bien connue, c'est celle de l'entrevue qui eut lieu aux Tuileries entre Bonaparte et Botot, le secrétaire de Barras, dépêché par ce dernier pour savoir ce qui se passait.

« Botot arriva, me dit M. Collot, au moment où le général, entouré des chefs de sa troupe, et d'une foule d'officiers généraux et supérieurs, se disposait à descendre : Vous ne sauriez, mon cher Bourrienne, me dit-il, vous figurer le général quand il aperçut Botot ; il le distingua à dix pas de lui, remarquant sa tête qui dominait toutes les autres. Je ne sais s'il avait été instruit de ce message. — Non, je puis vous l'assurer. — Eh bien, à l'aspect de Botot, Bonaparte va droit à lui, puis l'apostrophant comme s'il eût été à lui seul tout le Directoire : « *Qu'avez-vous fait de la France ?...* » Vous savez qu'il n'est pas toujours éloquent ; je ne sais quel génie l'inspirait en ce moment. Des expressions et des images sublimes coulèrent de sa bouche en torrents d'éloquence. Il peignit la France telle l'avait laissée : ses arsenaux remplis, son territoire agrandi, ses troupes bien vêtues, bien nourries, partout victorieuses ; il la montrait ornée de trophées, paisible au dedans, respectée au dehors, forte partout. Puis, se transportant tout à coup sur nos derniers champs de bataille, il y montra encore ses soldats, ne connaissant sous lui que la victoire, vaincus, couchés morts aux champs de la défaite ; il peignit leurs débris humiliés, rentrant en France sous les haillons de la misère ; nos lauriers flétris, nos frontières envahies, nos arsenaux déserts, nos places démantelées, les magasins vides, le trésor épuisé ; les citoyens mécontents ; partout le désordre, la licence et l'oppression ; enfin sur le palais du Directoire l'infamie et l'opprobre !...

Tout cela fut tracé en traits si larges, si profonds, et prononcé avec une véhémence, avec un ton d'autorité et de douleur si imposant que tous ceux qui étaient présents furent pénétrés d'indignation contre le Directoire. Botot, atterré, n'ouvrit pas la bouche. Il vit que, de ce moment-là, le Directoire avait cessé d'exister, et courut annoncer la nouvelle à Barras et à ses collègues réunis. »

D'après M. Collot, la rédaction faite au *Moniteur* des paroles de Bonaparte à M. Botot « était flasque et décolorée, comparée au tableau colossal, énergique, majestueux que Bonaparte avait déroulé aux Tuileries. » « Au surplus, ajoute Bourrienne, c'est sous la responsabilité de M. Collot que je place l'éloquence de Bonaparte... Elle avait été plus que négative le lendemain en ma présence. » Disons ici que le même mouvement oratoire qui avait frappé M. Collot se trouve dans les *Mémoires* de Lucien.

Le lettré épris de l'antiquité latine se reconnaît bien dans le souvenir que la scène suivante rappelait à M. Collot :

« Je regrette, disait-il à Bourrienne, que vous n'ayez pu comme moi voir le général au conseil des Cinq-Cents. Certes, d'après l'accueil qu'il y reçut le 18, il ne devait pas s'attendre à la scène du lendemain à Saint-Cloud. Il entre, et soudain il est salué du nom de sauveur de la patrie. Ceux des représentants qui avaient été initiés la veille, les affidés de Fouché, envoyés d'avance pour envahir la salle, la firent retentir à son arrivée d'acclamations inouïes; le reste, surpris ou intimidé, entraîné par le mouvement, se joignit aux premières clameurs, et ce fut alors que le décret qui nous combla de joie attribua au général le commandement de la force armée. Si vous aviez assisté à ce spectacle, si vous aviez vu Bonaparte, sortant triomphant, revêtu de son nouveau titre, et certain de la translation de la représentation nationale à Saint-Cloud; si vous aviez vu la salle des Anciens, la salle des Cinq-Cents, abandonnées en un instant, vous vous seriez senti ramené à ce siècle de décadence où les sénateurs de Rome, forcés de reconnaître un prince qu'ils n'avaient pas choisi, le saluaient à l'envi des noms de libérateur, d'ami du peuple, de père de la patrie, de divin, de tous ces titres enfin qu'invente l'adulation et que répète la crainte ; vous eussiez eu devant vous une traduction vivante et animée de l'un des plus beaux passages de Tacite.

« Il faut rendre hommage à la vérité : tous les éloges adressés à Bonaparte n'étaient pas dictés par la flatterie ; beaucoup l'étaient par la reconnaissance et l'admiration, beaucoup plus encore par l'espérance. La France ne doutait pas de son génie et voulait croire à sa vertu.

« Ainsi me parla M. Collot... »

Lucien nous dit que le 15 brumaire, après le banquet qui profana Saint-Sulpice, Sieyès insista longuement pour que les sentinelles placées à Saint-Cloud le 19 reçussent la consigne de repousser une vingtaine de députés hostiles qui ne seraient pas convoqués (1).. M. Collot, du moins dans le compte-rendu de Bourrienne, fait donner ce conseil par Fouché dans la matinée même du 18 brumaire, et après l'ovation reçue par Bonaparte au conseil des Cinq-Cents. Ici comme là, d'ailleurs, la réponse du général est négative, mais elle est plus concise, plus expressive peut-être dans le récit de M. Collot : « Je ne veux pas du pouvoir, si je n'en suis pas légalement investi par les deux corps institués pour le déléguer. »

De tous ces textes, il paraît ressortir que Bonaparte n'avait cru qu'à une solution pacifique, et que cette illusion aurait eu pour résultat les scènes de violence qui provoquèrent l'intervention de la force armée dans l'asile de la représentation nationale. Encore, suivant M. Collot, seraient-ce les avis alarmants de Fouché qui auraient décidé Bonaparte au coup d'état : « En effet, Fouché avait découvert par ses agents que les membres de l'opposition, enhardis par leurs premières clameurs, avaient expédié des exprès à Paris pour faire croire à leurs succès, et stimuler le zèle de leurs partisans ; il vint en informer Bonaparte et le poussa à brusquer l'entreprise....

(1) Lucien BONAPARTE, *Mémoires*, publiés par M. Yung.

« Sorti de ce conseil, il se présenta aux Cinq-Cents, accompagné de ses grenadiers, marchant toujours sur trois de front. A peine a-t-il paru que tous ceux qui avec moi étaient dans le tambour se pressent et s'efforcent de lui livrer un passage ; il pénètre, mais son escorte moins favorisée ne put pas le suivre ; et Bonaparte s'étant retourné, après avoir longtemps entendu les cris de *hors la loi* et d'autres vociférations retentir dans la salle, il vit qu'il n'était accompagné que de deux ou trois soldats qui seuls avaient pu encore s'introduire; étonné de cette solitude, il regagna la porte et redescendit dans la cour où la troupe silencieuse était en bataille et où vous l'avez rejoint. » Le général défaillant, et emporté dans les bras de ses grenadiers, ne se retrouve pas ici. M. Collot était cependant bien près de lui.

« Si un seul représentant, dit notre narrateur, avait saisi Bonaparte dans la salle des Cinq-Cents, lorsqu'il s'y fut engagé, son parti n'était pas assez fort pour l'y sauver, et si l'instant d'après on avait présenté sa tête sanglante au balcon, en le nommant traître à la patrie, les soldats, peu touchés de ce supplice, n'en auraient ni demandé, ni tiré vengeance ; mais les députés de l'opposition perdirent une demi-heure en clameurs, en disputes, en injures, et Lucien fut assez adroit pour alimenter et prolonger ce tumulte.

« Quand Murat fut enfin entré au pas de charge, à la tête des grenadiers, prenant la salle d'assaut, les adhérents de Bonaparte parmi les représentants, afin de favoriser la prompte évacuation de la salle, s'écrièrent : « La troupe va faire feu !... Sauvons-nous !... » A ces mots, cette assemblée, tout à l'heure si audacieuse, se heurte, se précipite, ne trouve point assez d'issues, s'élance par les fenêtres peu élevées au-dessus du sol ; et ces hommes si bruyants en paroles, si menaçants dans leurs discours, invoquent la faveur de la nuit dont l'ombre commençait à les protéger, se dispersent, et vont cacher leur honteuse et ridicule jactance soit dans les bois du parc soit dans les campagnes voisines.

« Parmi ces législateurs prudents, un grand nombre de

ceux mêmes qui étaient attachés au parti de Bonaparte, inquiets des suites d'un tel acte de violence, n'osèrent plus revenir se ranger sous ses drapeaux. »

La tragi-comédie a déjà commencé, mais voici maintenant la comédie pure avec des scènes spirituellement enlevées et commencées par une très jolie comparaison :

« Les membres du conseil des Cinq-Cents ne ressemblèrent pas mal à ces nombreuses volées de pigeons qu'un seul coup de fusil fait déserter le colombier, et qui reviennent ensuite un à un. Salicetti, bien qu'il fût l'un des chefs de l'opposition, ne s'était pas rendu à Saint-Cloud, dès le matin ; mais comme les émissaires des mécontents lui avaient transmis dans la journée des nouvelles favorables à leur cause, il s'y rendit en toute hâte pour profiter de la victoire. Or, comme il arriva précisément au moment où la bataille était perdue pour lui, il pensa qu'il fallait alors profiter de la défaite. Il vint donc se frotter, avec toute la finesse italienne, contre les amis de Bonaparte et tâcher de s'insinuer dans leurs rangs. « J'ai appris, leur dit-il, la levée de boucliers de ces fous ; j'en ai frémi pour le général Bonaparte ; j'accourais en toute hâte pour arrêter les élans de leur folie ; j'arrive malheureusement trop tard, mais je rends grâce au ciel du triomphe de la raison. » Ce langage édulcoré fut écouté avec froideur et défiance. »

Comme on reconnaît bien là Salicetti, le traître qui avait fait du mal à Bonaparte et pour qui celui-ci avait été un ennemi généreux ; — le lâche qui, au 1er prairial, avait abandonné ses amis à la hache du bourreau et cherché un refuge chez une noble femme qu'il avait obligée (1), et dont il exposait la vie et celle de ses enfants pour sauver la sienne ! Déporté après le 18 brumaire, en dépit de ses protestations hypocrites, il dut sa grâce à Joseph qui devait en faire son ministre de la police à Naples (2). Aussi cruel que lâche, il y fit maudire son administration, et sous la royauté de Murat, il eut une fin mystérieuse. Comme tant d'autres, ce

____

(1) Mme de Pernon, mère de la duchesse d'Abrantès.
(2) Voir les *Mémoires* de la duchesse d'Abrantès, du roi Joseph.

jacobin mourut dans la peau d'un fonctionnaire impé-
rial.

Après l'orageuse séance du 19 brumaire, un « calme
sinistre » succéda à la fuite tumultueuse des députés, racontait M. Collot. Il disait les difficultés que l'on avait eues
pour former une « ombre d'assemblée ». Tout au plus
quatre-vingts députés purent être réunis. De cette séance,
ouverte à dix heures du soir (1), dans une obscurité traversée par de faibles rayons, M. Collot faisait à Bourrienne un
tableau saisissant :

« J'y étais ; et quel spectacle que cette séance nocturne,
dans la salle même qui venait d'être polluée par la présence d'hommes armés ! C'est de ce bouge législatif que
sortit le gouvernement consulaire, et qui sait quelle influence il doit avoir sur les destinées de la France et sur le
sort de l'Europe ! Rien, en vérité, n'est plus désenchanteur
que de remonter au berceau des grandeurs humaines, on
y trouve trop de misères !

« Je ne sais, mon cher Bourrienne, si je suis destiné à
vivre longtemps ; mais tant que je vivrai j'aurai devant les
yeux l'aspect de l'orangerie de Saint-Cloud telle qu'elle
était disposée au moment de cette scène lugubre. Qu'elle
était silencieuse ! Combien étaient mornes et attristés les
acteurs qui venaient s'y asseoir ! Le matin, ils s'y étaient
rendus, persuadés que l'on adopterait sans discussion le
nouveau gouvernement ; le soir ils étaient désenchantés
par les convulsions imprévues de la journée ; ils avaient
compté sur une séance calme terminée par une paisible
adhésion ; ils avaient trouvé des clameurs suivies d'un acte
de violence ; ainsi la force des choses ayant brisé toutes les
prévisions, ils se trouvaient malgré eux entraînés à jouer
le rôle de conspirateurs, seul moyen d'achever l'ouvrage
commencé ; et de cet état de contrainte et de nécessité
naissait un accablement taciturne qui rendait bien amers
les premiers fruits de la victoire.

« Figurez-vous une longue et large grange remplie de

(1) A neuf heures, d'après Lucien. *Mémoires*.

banquettes bouleversées ; une chaire adossée au milieu contre un mur nu ; sous la chaire, un peu en avant, une table et deux chaises ; sur cette table deux chandelles, autant sur la chaire ; point de lustre, point de lampe, nulle autre clarté sous les voûtes de cette longue enceinte.

« Voyez-vous dans la chaire la pâle figure de Lucien lisant la nouvelle constitution, et devant la table deux députés verbalisant. Vis-à-vis, dans un espace étroit et rapproché, gisait un groupe de représentants indifférents à tout ce qu'on leur débitait ; la plupart étaient couchés sur trois banquettes ; l'une leur servant de siège, l'autre de marche-pieds, la troisième d'oreiller. Parmi eux, dans la même attitude et pêle-mêle, étaient de simples particuliers intéressés au succès de la journée. Non loin, derrière, on apercevait quelques laquais qui, poussés par le froid, étaient venus chercher un abri, et dormaient en attendant leurs maîtres. Tel fut l'étrange aréopage qui donna à la France un nouveau gouvernement. »

Et cependant M. Collot constate que dans « cet étrange aréopage » il y avait peu d'ambitieux, peu de vendus : pour la plupart, c'étaient des patriotes qui sentaient avant tout la nécessité « de donner au moins une ombre de légalité à la commission consulaire » pour mettre un terme à une crise dont les conséquences auraient pu être incalculables.

Un trait manque au tableau de la séance nocturne. Lucien nous le donne. A deux heures du matin, les tambours battaient aux champs, les trois consuls faisaient leur entrée et prêtaient serment à la nouvelle constitution. Quel décor pour une telle scène que ces ténèbres traversées par de faibles lueurs et qui font rêver au pinceau de Rembrandt ! Il y aurait là un tableau digne de tenter nos peintres modernes.

M. Collot ne semble pas avoir assisté à cette scène. D'après sa version, du moins dans celle qui est reproduite par Bourrienne, la séance fut levée à minuit, et il se rendit alors dans la maison qu'il avait louée pour Bonaparte. D'après le récit de Lucien, la séance n'avait été que suspendue pour être reprise à une heure du matin. Il a dû y avoir confusion soit dans les souvenirs de M. Collot, soit dans les notes de Bourrienne. Mais M. Collot a très bien pu profiter de la séance pour veiller aux derniers préparatifs du souper.

« — Vous concevez, disait-il à Bourrienne, qu'il ne fut guère question du souper que j'avais fait préparer. Cependant il y vint huit ou dix personnes, parmi lesquelles M. de Talleyrand, M. de Sémonville, Regnauld de Saint-Jean-d'Angély et Arnaud. Les autres convives, fatigués, se hâtèrent de revenir à Paris, impatients du lendemain. »

Le lendemain fut paisible. Déjà les membres de l'opposition venaient saluer le premier consul.

M. Collot ne pouvait comprendre comment Bonaparte avait pu s'adjoindre deux collègues comme Sieyès et Roger-Ducos. La nullité de celui-ci, l'allure cauteleuse et le vote régicide de celui-là, ne lui semblaient pas devoir les désigner à devenir les auxiliaires du restaurateur de l'ordre. Nous verrons tout à l'heure, à propos de Fouché, que les antécédents terroristes n'étaient pas alors un titre à la défaveur du premier consul.

Quoi qu'il en fût, Bourrienne fit remarquer à M. Collot que, dès le lendemain du 19 brumaire, Bonaparte lui aurait confié qu'il ne garderait pas longtemps ses deux collègues. M. Collot lui dit à ce sujet : « Sieyès n'a pas été un moment dupe de ce qui l'attendait ; il dit naïvement, en sortant du premier conseil : « En vérité, je crois que cet « homme travaille pour lui » ; et en sortant du second, il s'écria : « Nous nous sommes donné un maître. » — « Deux mois après, le maître les congédia en leur donnant un peu d'or trempé dans de la boue. »

Nous avons vu le rôle actif que M. Collot fait jouer à Fouché dans le coup d'état de Brumaire et que Lucien passe sous silence. M. Collot était de ceux qui n'avaient pu dissimuler à Bonaparte « l'impression sinistre » produite dans Paris par le maintien de Fouché à la tête de la police. Ils avaient été d'autant plus surpris de ce maintien que Bonaparte avait paru très effrayé quand, à son retour d'Egypte, il avait retrouvé dans ces fonctions l'homme

« qui ne se présentait à lui qu'accompagné d'un cortège de
terreur ». Mais du moment où ce « cortège de terreur » se
mettait à la suite de Bonaparte, le premier consul ne
devait plus le redouter. Comme il le disait d'ailleurs à son
frère Joseph, sa politique d'alors exigeait qu'il gardât l'ancien terroriste Fouché comme l'ancien émigré Talleyrand.
« Quel est le révolutionnaire, disait-il, qui n'aura pas
confiance dans un ordre de choses où Fouché sera ministre? Quel est le gentilhomme, s'il est resté Français,
qui n'espérera pas trouver à vivre dans un pays où un
Périgord, l'ancien évêque d'Autun, sera au pouvoir? L'un
garde ma gauche, et l'autre ma droite... J'entends que mon
gouvernement réunisse tous les Français. C'est une grande
route où tous peuvent aboutir ; la fin de la Révolution ne
peut résulter que du concours de tous, et ces divers partis
ne peuvent être contenus et devenir inoffensifs les uns aux
autres que par *une clé de voûte assez forte pour ne céder à
aucun effort.* Je l'ai dit, il y a bien années, avant 93 :
« La Révolution ne finira que par le retour des émigrés,
des prêtres, tous assujettis, contenus par un bras de fer né
dans la Révolution, nourri dans les opinions du siècle, et
fort par l'assentiment national qu'il aura su deviner. » (1)

Elle est curieuse cette politique de ralliement qui a
pour but de tout courber sous un « bras de fer ». Si Robespierre avait eu le plan que lui attribuait Bonaparte pendant
la première campagne d'Italie, il ne l'eût pas autrement
réalisé. Le « bras de fer » allait s'apesantir sur l'Eglise
avec une rudesse dont la *Correspondance de Napoléon*,
récemment publiée, nous apporte de nouvelles preuves.
Mais auparavant c'était aussi ce « bras de fer » qui allait
saisir et enlever à Ettenheim le dernier des Condés pour
l'abattre dans le fossé de Vincennes.

M. Collot eût voulu croire au mouvement de clémence
qui aurait porté le premier consul à faire grâce de la vie à
sa noble victime et qu'aurait rendu inutile un fatal con-

(1) JOSEPH, *Fragment historique* (*Mémoires* publiés par M. du
Casse). Il y a dans les paroles de Bonaparte un de ces singuliers
assemblages de métaphores dont il était coutumier.

cours de circonstances. L'ancien ami du général Bonaparte n'osait se prononcer ; il se bornait à citer dans les notes de son poème les allégations contraires, mais on voyait bien qu'en les reproduisant il était forcé de les admettre, — non sans une profonde douleur. Napoléon a du reste hautement revendiqué la responsabilité de ce crime d'Etat.

« Fouché, au nom de son parti, avait exigé cette tête pour gage d'alliance, elle lui fut sacrifiée, écrit M. Collot qui met ici en note : « Cette opinion parut confirmée au sacre de Napoléon. Nous vîmes alors accourir de tous les départements les hommes qui, durant la Terreur, s'y étaient signalés par leurs actes sanguinaires. Ils vinrent sanctionner pour ainsi dire par leur présence ce pacte d'alliance. »

Tel fut le résultat d'une politique de bascule où le mal devait nécessairement l'emporter sur le bien. Entre gentilshommes et terroristes, la question ne pouvait être douteuse. Les seconds seuls pouvaient accepter, pour prix de leur alliance, des crimes dont ils étaient coutumiers.

V

JOSÉPHINE

Au retour d'Egypte, Bonaparte n'était pas seulement préocccupé d'ambitieux projets. Les mauvais rapports que Lucien lui avait fait parvenir sur les légèretés de Joséphine l'avaient atteint dans la seule passion qui pût alors le disputer dans son âme à la soif du pouvoir, cet amour dont ses lettres d'Italie ont gardé la brûlante expression.

Joséphine était allée au devant de lui jusqu'à Lyon, mais pour éviter une rencontre qui aurait pu provoquer une réconciliation, Lucien avait fait prendre à son frère la route de Clermont. Au moment où Bonaparte revit M. Collot, la douce enchanteresse allait revenir dans la maison où le général l'avait précédée. Il dit à son ancien ami son amer chagrin, son indignation.

— « Plus rien de commun entre elle et moi ! — Quoi ! vous voulez la quitter? — Ne l'a-t-elle pas mérité ? — Je l'ignore; mais est-ce le moment de vous en occuper ? Songez à la France. Elle a les yeux fixés sur vous. Elle s'attend à voir tous vos moments consacrés à son salut; si elle s'aperçoit que vous vous agitez dans des querelles domestiques, votre grandeur disparaît, vous n'êtes plus à ses yeux qu'un mari de Molière. Laissez, laissez là les torts de votre femme. Si vous n'en êtes pas satisfait, vous la renverrez quand vous n'aurez pas autre chose à faire; mais commencez par relever l'Etat. Après, vous trouverez mille raisons pour justifier votre ressentiment ; aujourd'hui, la France n'en trouverait aucune, et vous connaissez trop bien nos mœurs pour ne pas sentir combien il vous importe de ne pas débuter par un ridicule. »

Le général se taisait. Le sage conseiller croyait l'avoir persuadé, mais soudain Bonaparte s'écria : « Non ! c'est un parti pris; elle ne mettra plus le pied dans ma maison. Que m'importe ce qu'on en dira? On en bavardera un jour ou deux, on n'en parlera plus le troisième; au milieu des événements qui s'amoncellent, que sera-ce qu'une rupture ? La mienne ne sera point aperçue. Ma femme ira à la Malmaison. Moi je resterai ici. Le public en sait assez pour ne pas se tromper sur les raisons d'un éloignement. »

Et comme M. Collot ne cessait de lui donner des conseils de paix, le général s'emporta contre l'absente avec de tels accents, que son interlocuteur ne put s'empêcher de lui dire : « Tant de violence prouve que vous en êtes toujours épris. Elle paraîtra, s'excusera, vous lui pardonnerez, et vous serez plus tranquille. — Moi, lui pardonner ! jamais !.... Vous me connaissez bien !..... Si je n'étais pas sûr de moi, *j'arracherais ce cœur et je le jetterais au feu.* »

« En disant ces mots, la colère étouffa presque Bonaparte, et il avait de sa main saisi sa poitrine comme pour la déchirer. »

M. Collot ne quitta le général qu'après cette crise terrible. Bonaparte l'invita à déjeuner pour le lendemain.

Le lendemain, à 10 heures, M. Collot traversait la cour du petit hôtel, lorsqu'il apprit que Mme Bonaparte était revenue dans la nuit avec son fils et sa fille.

Le général vint au devant de lui, l'air très embarrassé. Il le fit entrer dans une autre pièce que le cabinet de travail où il l'avait reçu la veille, mais où se trouvait Bourrienne.

— « Eh bien, fit-il, elle est ici. — Tant mieux, vous avez fait pour vous et pour nous une fort bonne chose. — Ne croyez pas que j'aie pardonné !... De ma vie !... Je voulais avoir des doutes ; sa franchise ! Je l'ai chassée à son arrivée !.... Et ce nigaud de Joseph qui était là !... Mais que voulez-vous, Collot ? comme elle descendait l'escalier en pleurant, j'ai vu Eugène, Hortense, qui la suivaient en sanglotant. On ne m'a pas fait un cœur pour voir impunément couler des larmes. Eugène m'a accompagné en Egypte ; je me suis accoutumé à le regarder comme mon fils adoptif ; il est si brave et c'est un si bon jeune homme ! Hortense va entrer dans le monde ; tout ce qui la connaît m'en dit du bien. Je l'aime, Collot, j'ai été profondément ému ; je n'ai pas pu tenir aux sanglots de ces deux pauvres enfants ; je me suis dit : Doivent-ils être victimes des fautes de leur mère ? j'ai retenu Eugène ; Hortense est revenue avec sa mère ; je n'ai rien dit. Que voulez-vous que je fasse à cela ? On n'est pas homme sans être faible. — Soyez sûr qu'ils vous en récompenseront. — Ils le doivent, Collot, ils le doivent, car il m'en coûte assez. » Etait-ce bien sûr, et les charmes de la séduisante créole n'avaient-ils pas été plus puissants ici que les larmes de ses enfants ?

Le général, suivi de M. Collot, passa dans la salle à manger. Ni Joséphine ni Hortense ne parurent à table ; mais Eugène y était.

Bourrienne assistait à ce déjeuner. L'ancien secrétaire de Napoléon ajoute que « le lendemain il ne manquait rien à la réconciliation du vainqueur d'Egypte et de la femme charmante qui avait vaincu Bonaparte ». Mais dans le récit que fit Joséphine à Mme de Rémusat, Bonaparte n'avait pas attendu jusque-là pour faire rentrer en grâce l'épouse accusée. Que faut-il croire ici, de l'amour-propre du mari ou de celui de la femme, celle-ci avançant l'heure de sa victoire, celui-là retardant l'heure de sa défaite ? Elle était pourtant bien humble, la pauvre Joséphine, en faisant à Mme de Rémusat le récit de cette nuit d'angoisses qu'elle avait, disait-elle, passée à genoux devant la porte que lui tenait fermée un époux irrité et au travers de laquelle il lui avait dit que cette porte ne s'ouvrirait plus jamais pour elle. Ses pleurs, ses appels désespérés, en son nom, en celui des enfants qui l'entouraient, elle ne taisait rien, ni l'implacable silence qui seul lui répondait. Enfin, vers 4 heures du matin, disait-elle, cette porte s'était ouverte. Bonaparte n'apparaissait que pour lui signifier une éternelle rupture. Mais sur le visage sévère du jeune général, elle voyait la trace de larmes brûlantes, et ces larmes jaillissaient de nouveau lorsque, devant le refus que lui faisait Eugène de revenir avec lui comme il le lui demandait, il ouvrit les bras à ce fils de son cœur. « Sa femme et Hortense embrassaient ses genoux, et peu après tout fut pardonné. » Tout fut même expliqué à l'honneur de l'épouse et, dès 7 heures du matin, Bonaparte mandait Lucien pour le rendre témoin de la réconciliation qui était son châtiment (1).

Telle était la version de Joséphine. Il y a là toute la différence qui existe entre le caractère de la femme et celui de l'homme, surtout quand cet homme s'appelle Napoléon : il garde le secret de ses larmes avec le même orgueil que la femme met à le divulguer quand ces larmes ont coulé pour elle. L'homme, d'ailleurs, fuit en général l'émotion et n'aime pas à se la rappeler ; la femme la recherche et en vit encore par le souvenir.

(1) BOURRIENNE, *Mémoires*, IV ; Mme DE RÉMUSAT, *Mémoires, portraits et anecdotes.*

VI

LE PREMIER CONSUL ET M. COLLOT. LA DUCHESSE D'ABRANTÈS

Dans l'état désastreux où se trouvaient alors les finances du pays, l'argent était nécessaire. « M. Collot qui avait servi sous Bonaparte en Italie, et dont la conduite et l'administration n'avaient mérité que des éloges, dit Bourrienne, fut un de ceux qui vinrent les premiers au secours du consul. M. Collot y mit autant d'empressement que de désintéressement ; il lui donna 5oo.ooo francs en or. Il en fut bien mal récompensé ; Bonaparte en agit depuis avec M. Collot comme s'il eût voulu le punir de ce qu'il était riche. Cette somme, qui figura si bien dans la caisse consulaire, ne lui fut rendue que très tard, après beaucoup de difficultés, et sans aucun intérêt. Ce ne fut même pas la seule fois que M. Collot eut à se plaindre du général Bonaparte, qui ne voulait jamais reconnaître ses importants services, ni même rendre justice à sa conduite et à son dévouement (1). »

Ce dévouement, il savait cependant encore y faire appel. Lorsqu'il partit pour l'Italie, il manda M. Collot dans son cabinet : « Eh bien ! Collot, lui dit-il, je vais en Italie. Il s'agit d'un grand coup. La campagne sera courte ; l'Italie a des échos pour répéter mon nom. J'ai besoin de vous ; je vous emmène avec moi. »

M. Collot ne goûta guère cette proposition. Déjà il avait fallu faire appel à son patriotisme pour la première campagne d'Italie. Les motifs qui l'avaient fait hésiter alors subsistaient et d'autres s'y étaient joints. Le moins grave ne devait pas être le peu de reconnaissance qu'il rencontrait chez l'ami qu'il avait si grandement obligé. Il n'allégua cependant qu'un motif : l'impossibilité d'une bonne

(1) BOURRIENNE, *Mémoires*, III.

administration avec le général Berthier qui devait commander l'armée. « Ah bah! c'est pour la forme, répliqua le premier consul. Est-ce que vous croyez que j'aurais confié mon armée à Berthier, si je ne devais pas être là ? Berthier ne sait pas commander, mais il sait supérieurement faire exécuter mes ordres, et puis je suis habitué à sa manière. Il faut absolument que vous veniez. » Les hésitations de M. Collot redoublaient les instances du premier consul. A force d'instances et de caresses, il obtint que, s'il prenait le commandement de l'armée, M. Collot le suivrait. Celui-ci tint parole « et à peine arrivé en Italie, dit Bourrienne, Bonaparte le traita avec la plus grande froideur, malgré tous les services, ou plutôt à cause de tous les services que M. Collot lui avait rendus. Il fallait bien qu'il le punît d'avoir été obligé de le prier ; et en général j'ai remarqué, dans beaucoup de circonstances, comme un trait particulier de Bonaparte, qu'il ne voulait jamais souffrir que qui que ce fût se brouillât avec lui ; il était charmant, il accordait tout, et ensuite il plantait là son homme le mieux du monde. Il ressemblait tout à fait à ces coquettes qui se raccommodent à quelque prix que ce soit avec leurs amants, et leur font fermer la porte le lendemain pour n'avoir pas l'air d'être quittées. »

Au-dessus de tous les petits motifs que Bourrienne donne du refroidissement de Bonaparte à l'égard de M. Collot, il semble en placer deux : les services mêmes que M. Collot lui avait rendus et son initiation à des affaires domestiques que le premier consul n'aimait pas à se rappeler.

La reconnaissance, ce levier qui soulève les âmes généreuses, devient pour d'autres un poids écrasant qu'elles portent avec humeur jusqu'à ce qu'elles s'en débarrassent. Etait-ce le cas pour Napoléon ? Il sut cependant récompenser avec une magnificence souveraine les dévouements qui l'entouraient. Quant à l'initiation aux affaires domestiques de Bonaparte, elle avait été bien générale pendant l'expédition d'Egypte.

Dans la longue conversation que M. Collot eut à Milan avec Bourrienne et dans laquelle il lui racontait le 18 brumaire, il semblait croire plutôt à de faux rapports qui lui auraient nui auprès de Bonaparte et qu'il attribuait à Fouché.

De faux rapports purent, en effet, détourner le premier consul de son ancien ami. Mais souvenons-nous aussi que Napoléon ne voulait admettre d'autre puissance que celle qui découlait de lui. Et M. Collot avait toute l'indépendance d'une fortune considérable. N'oublions pas non plus le mot que Talleyrand adressait à Napoléon au sujet de Berthier : « Si vous l'aimez, savez-vous pourquoi ? C'est qu'il croit en vous ! » Or, dès le jour où M. Collot le quittait à Malte, Bonaparte sentit que la foi (sinon l'affection) manquait un peu à son ami.

Quelle que fût la cause du refroidissement de Bonaparte, la rupture de la vieille amitié fut un chagrin pour celui qui cependant avait déjà jugé, pendant la première campagne d'Italie, combien peu les hommes comptaient pour le héros. « Vous savez que je n'ai nul besoin de Bonaparte, mais après une liaison aussi longue, aussi intime que la nôtre, je ne vous dissimulerai pas que je suis affligé de sa désaffection, et certes, je ne devais pas m'y attendre. »

La duchesse d'Abrantès, si fervente dans le culte qu'en dépit de bien des déceptions elle avait gardé à l'empereur, constate, ainsi que Bourrienne, la froideur que Napoléon témoigna à M. Collot, l'aigreur avec laquelle il parlait de lui, et dont elle ne sut jamais le motif.

« C'est un homme remarquable que M. Collot, dit la duchesse d'Abrantès. Il l'est pour l'homme d'Etat comme pour la maîtresse de maison qui recherche toujours un homme spirituel et instruit, pour l'admettre dans son salon. Il l'est pour ses amis, car, pour lui, l'amitié n'est certes pas un vain mot. Peut-être le peu de justice de Napoléon envers lui le rendit-il trop sévère pour cet homme si grand. Néanmoins il fut pour l'empereur ce qu'un cœur comme le sien devait être, c'est-à-dire que le malheur du colosse de gloire le trouva plus flexible qu'il ne l'avait jamais été devant le pouvoir et la puissance. M. Collot est un de ces hommes dont on est fier d'être l'ami, parce qu'on les estime en même temps qu'on les aime.

« Il était fort attaché à Junot qui, le lui rendait avec toute la chaleur d'une âme aimante et généreuse. En me le présentant, Junot me dit : « Je l'aime comme un troisième frère. »

« ... On sait combien M. Collot fut utile au général Bonaparte, à l'époque des guerres d'Italie. Il ne le fut pas moins au 18 brumaire. Non seulement ses conseils, ses soins, son activité furent prodigués avec profusion dans cette journée, mais son argent, son immense crédit furent d'une ressource que le général Bonaparte ne pouvait trouver que dans un homme tel que M. Collot. J'ignore quelles furent plus tard les raisons qui éloignèrent l'un de l'autre deux hommes si bien faits pour se connaître et s'apprécier. C'est un malheur que j'ai souvent entendu déplorer à Junot :

« — Quel ministre aurait fait M. Collot ! » me disait-il.

« Quel que soit le motif qui ait semé entre lui et le premier consul le poison se déversant sur leurs plus légères relations, il fut assez grave pour éloigner des affaires un homme plein de bonne volonté, de talents, de savoir, et dont le crédit dans le monde commercial aurait étayé notre renaissante prospérité (1). Je sais que le premier consul paraissait animé contre M. Collot d'une sorte de vengeance. J'ai eu souvent occasion de l'entendre parler de lui, et ce fut toujours avec cette aigreur que produit un sentiment amer et profond. M. de Bourrienne devait en savoir quelque chose (2). »

Cette réflexion de Mme d'Abrantès se rapporte à une anecdote racontée par Bourrienne et qui la blessa dans ce qu'elle avait de plus sacré : la mémoire de son mari, le brave et loyal Junot.

Pour suffire aux demandes d'argent que lui faisaient ses frères, le premier consul avait fait donner à M. Collot la fourniture des vivres de la marine, à l'étrange condition

----

(1) Le texte de la dernière édition porte *reconnaissante prospérité*. Il y a évidemment là une faute d'impression.
(2) Duchesse D'ABRANTÈS, *Mémoires*, tome III.

que, sur ses bénéfices, il remettrait quinze cent mille francs
par an à Joseph! Bonaparte lui promettait qu'il serait
exactement payé chaque mois, sans avoir de sacrifices à
faire dans les bureaux. Le pot-de-vin alloué à Joseph le
dispensait des autres. Telle était la vénalité de ces temps,
que le chef de l'Etat proposait ce marché à un financier,
comme une chose toute naturelle. C'était là un triste héri-
tage des mœurs du Directoire.

M. Collot ne put soutenir longtemps une charge
aussi écrasante. Plusieurs mois, une année peut-être, se
passèrent sans qu'il touchât rien. Il demanda une audience
au premier consul. Bourrienne prétendit qu'il l'avait obtenue
avec beaucoup de peine, par l'intermédiaire de Junot,
« mais *non sans sacrifices* ».

« Le premier consul, poursuit Bourrienne, me dit, comme
il avait coutume de le faire lorsqu'il voulait avoir un tiers
pour témoin, *vous resterez*. M. Collot vint à la Malmaison ;
c'était le soir ; il parla au premier consul avec une noble
fermeté, exposa ses griefs, se plaignit avec force de
l'état dans lequel on le laissait. Il prouva que ses avances
étaient énormes, et que cependant il ne pouvait rien
recevoir de la marine. Il rappela au premier consul ce que
celui-ci lui avait promis en lui donnant le service de la
marine, à cause de la condition qu'il y avait mise. On lui
devait bien des millions, sur un service de 20 à 24 millions.
Enfin M. Collot finit par lui faire clairement entendre que
sans le grand sacrifice que l'on avait exigé de lui, il aurait
pu, avec beaucoup moins, se faire payer à la marine; qu'il
ne l'avait pas fait, parce que Bonaparte lui avait déclaré que
ce serait inutile et que même il le lui avait presque défendu ;
avec des sacrifices, il eût été payé. Là dessus le premier
consul lui répondit avec une violente humeur : « Eh! f...
« pour qui me prenez-vous? Croyez-vous que je sois un
« capucin, moi? Il fallait donner cent mille écus à Decrès,
« cent mille à Duroc, cent mille à Bourrienne, vous faire payer
« et ne pas venir m'ennuyer de ces balivernes. J'ai des minis-
« tres ; c'est pour qu'ils me rendent des comptes, j'enten-
« drai Decrès ; en voilà assez, ne me fatiguez pas davantage

« de vos réclamations ; je ne m'occupe pas de pareils détails.»
Et il le congédia durement. J'ai appris depuis, que ce ne
fût qu'après beaucoup de refus, de tracasseries, de peines
et d'inquiétudes, que M. Collot s'est tiré d'affaire; je crois
me rappeler qu'il m'a dit : « Mon Dieu, s'il en veut tant à
« ma fortune, qu'il me demande une frégate, je la lui don-
« nerai; mais qu'il me paie et me retire son marché. »

« Dans toute cette vilaine discussion, la raison a
toujours été du côté de M. Collot, les chicanes de l'autre
côté; c'est une justice à rendre. »

Lorsque cette page de Bourrienne fut signalée à la
duchesse d'Abrantès, elle écrivit à M. Collot pour le prier
de démentir la calomnie dont Junot était l'objet. Il lui
répondit :

« Madame la Duchesse,

« Il y a plus de quatre ans que je n'ai vu M. de Bourrienne,
et il y a plus de vingt ans que je le vois très peu. Il ne m'a
consulté en rien pour ses mémoires, et je ne lui *ai jamais
dit un mot* qui ait pu autoriser le propos que vous me
rapportez. Ce propos est *faux*. J'en dis autant de celui qu'il
prête à Bonaparte dans une conversation que le premier
consul eut avec moi, en présence de Bourrienne. Celui-ci
affirme que Bonaparte m'a dit : « Donnez 300,000 francs
à tel ministre, 200,000 à tel autre, etc. » Bonaparte, maître
de la France, avait trop le sentiment des convenances pour
vomir ces turpitudes. Certes, je ne suis point payé pour
faire le panégyrique de Bonaparte; mais je dois à la vérité
de purger sa mémoire de pareilles vilenies. Je les aurais
désavouées dans un journal, sans une répugnance extrême
à y faire parler de moi. J'aurai l'honneur d'aller vous voir,
et si l'attestation que je vous donne ne vous suffit point, j'y
ajouterai tout ce qui pourra vous paraître désirable pour
repousser l'injuste inculpation faite à la mémoire de votre
mari.

« Agréez, Madame la Duchesse, l'hommage de ma respec-
tueuse affection.

« COLLOT.

« Paris, 30 juin 1829. »

Madame d'Abrantès qui n'avait pas alors l'intention de publier ses mémoires, fit demander à M. Collot s'il ne *lui serait pas trop désagréable* de donner à son démenti la publicité d'un journal. « Je connaissais la répugnance de M. Collot à faire parler de lui par cette voie polémique, toujours pénible pour le principal acteur comme pour les accessoires. Mais la mienne n'était certes pas moindre et il me semblait, que, la surmontant, personne ne pouvait parler de la sienne. Toutefois les intérêts sont respectifs et je raisonnais mal. J'écrivis une seconde lettre à M. Collot, et dans sa réponse, toujours celle d'un ami et d'un homme de bien, il me disait :

«.... Je ne vous dissimule pas que je répugne beaucoup à me voir citer en public dans tout ce qui est incrimination ou bavardage. Les mémoires dont vous avez eu à vous plaindre ne sont pas autre chose ; vous devriez mépriser le passage qui vous offense. Si vous croyez cependant devoir démentir ce que M. de Bourrienne a publié et qu'une attestation de ma part vous soit nécessaire, je vous la donnerai aussi formelle que vous puissiez la désirer. Je déclarerai que jamais je n'ai demandé à Junot de solliciter une audience pour moi, et je prouverai que je n'avais nul besoin de son intervention.

« Si vous désirez causer avec moi sur tout cela, faites-moi savoir l'heure où je vous trouverai chez vous.

« Recevez, Madame la Duchesse, l'expression de mon constant attachement et l'hommage de mon respect.

« COLLOT.

« Jeudi, 23 juillet 1829. »

Dans les « bavardages » de ces mémoires, M. Collot ne nie que deux choses en ce qui le concerne : le besoin où il aurait été d'acheter Junot pour obtenir une audience de Bonaparte, et les cyniques paroles suivant lesquelles le premier consul aurait reproché au fournisseur des vivres de n'avoir pas eu recours à des protections salariées pour se faire payer. Mais M. Collot ne nie pas la condition à laquelle Bonaparte lui avait accordé la fourniture des vivres de la marine. Il la cite même dans le commentaire de son

poème sur Napoléon, à propos d'une mesure blessante que
le premier consul prit à l'égard du maréchal Lannes et dont
nous allons parler. M. Collot dit que lui-même fut victime
d'un procédé analogue de Bonaparte, et il met en note : « On
connaîtra un jour ce procédé : mais M. Ouvrard pourrait
dès aujourd'hui en révéler une partie ; car il fut l'instru-
ment involontaire dont le premier consul se servit pour
me dépouiller de la majeure partie de ma fortune, en me
priant et en me pressant de me charger du service de la
marine, pour le compte de son frère Joseph. Ce que je fis en
me fiant à cette parole, qui fut violée (1). »

La patience de M. Collot avait été longue, comme il le
dit d'une manière si touchante dans son poème :

L'indulgente amitié s'éloigne la dernière.

Mais en se retirant, il gardait au fond du cœur le souvenir ému qui lui fit célébrer aux derniers jours de sa vie,
les malheurs du héros dont il avait admiré le génie et dé-
ploré les fautes.

VII

LE MARÉCHAL LANNES

Comme M. Collot, comme Junot, comme tous ceux qui
avaient aimé Bonaparte, Lannes eut à souffrir dans cette
affection, nous le rappelions tout à l'heure.

M. Collot était intimement lié avec cet homme de
guerre. Il l'avait vu s'illustrer en Italie, et se plaît à raconter
un épisode dont Lannes fut le héros à Arcole.

Au moment de livrer la bataille, le général Bonaparte,
très inquiet sur le résultat de cette journée, avait invité
Joséphine à se transporter de Milan à Gênes. Pour réunir

(1) *La Chute de Napoléon.*

toutes ses forces, il appela auprès de lui ses meilleurs généraux. C'est dire qu'il manda Lannes, bien que celui-ci fût grièvement blessé et presque hors d'état de marcher.

« Le général Bonaparte, dit M. Collot, sachant que j'avais des intérêts importants à Milan, eut la bonté de m'engager à aller les régler et de me dire quelques mots de la situation. Je pars.

« A peine avais-je passé le Mincio, que je rencontre le général Lannes allant à Vérone. « Où vas-tu ? me dit-il (tout « le monde à cette armée se tutoyait, pour peu qu'on se « connût). — A Milan, remplir une mission que le général m'a donnée.

« — Sais-tu ce qui se passe sur l'Adige ?

« — On s'apprête à s'y battre, et tu es d'un trop bon secours pour qu'on se passe de toi.

« — Mais je ne peux point me tenir sur pied, ma blessure n'est pas encore fermée (il avait été blessé à la jambe au combat de Governolo), et je n'ai pas de chevaux à Vérone.

« — Le général t'en fera fournir. Dans tous les cas, j'y en ai laissé quatre, tu peux en prendre deux. » Je lui désignai les meilleurs, et lui remis un ordre pour qu'on les tînt à sa disposition.

« Il se rend au camp. Au commencement de la bataille, il est frappé d'une balle au bras ; le soir il en reçoit une dans la cuisse ; et le troisième jour, qui termina cette bataille mémorable, il en reçoit à bout portant une dans la poitrine, qui le perce de part en part.

« Cinquante-six jours après, il dîna chez moi, à Milan, en parfaite convalescence. »

M. Collot reçut plus tard les douloureuses confidences de Lannes. Un entretien avec Joseph Bonaparte les compléta.

Avec sa nature primitive, expansive, sa familiarité d'ancien camarade, Lannes n'avait pu se plier à l'étiquette que le premier consul faisait déjà régner. Il tutoyait celui qui déjà se voyait sur le front la couronne des Césars, sur les épaules la pourpre impériale. Mais ce n'était encore là qu'un motif accessoire de sa disgrâce et qu'il eût été aisé de supprimer. « Que ne me le disait-il ? j'aurais fait comme les autres », répondait Lannes à Junot qui lui révélait cette cause de défaveur (1). Mais M. Collot nous apprend que Napoléon se défiait de cette nature franche, exubérante, au fond républicaine. C'est pourquoi il ne l'avait pas avec lui à Saint-Cloud le 19 brumaire. Il redoutait injustement l'amitié qui unissait Lannes à Augereau. Tel serait aussi le motif pour lequel il lui aurait un jour retiré le commandement de la garde consulaire. Ici se place un fait étrange et que nous ne reproduisons que sous toutes réserves.

Le bruit courut que le général Lannes avait dilapidé la caisse de la garde consulaire. C'était Napoléon qui le lui avait ordonné pour tenir le rang qu'il lui prescrivait : « Tu puiseras dans la caisse de la garde et tu n'en rendras compte qu'à moi », lui avait-il dit. Lannes obéit, et un jour vint où le premier consul ordonna que la caisse fût vérifiée. Il y manquait 400.000 francs et Napoléon voulait rendre responsables de ce déficit le payeur et l'ordonnateur.

« Ils accourent chez le général Lannes et lui dénoncent cette exigence. Celui-ci vole aux Tuileries. L'explication fut des plus vives ; le général Junot en fut seul témoin. Je ne rapporterai pas ce qu'il m'en a dit : cela ne paraîtrait plus croyable. Le général Lannes sort ulcéré, et court raconter cette scène au général Augereau, qui lui dit en termes plus énergiques que ceux qu'il m'est permis de rapporter : « J'ai les 400.000 francs qu'il te demande ; les voilà. Porte-les-lui, et que ceci nous apprenne à quel homme nous nous sommes soumis. »

« Cet événement fit dans l'armée et dans le public une impression d'autant plus fâcheuse que ce général, d'un caractère bouillant, blessé jusqu'au fond de l'âme, ne ménageait rien, et racontait tout ce qui s'était passé à qui voulait l'entendre. Je fus un des premiers, parce qu'il savait

(1) Dans ses Mémoires (tom. II), Mme de Rémusat parle de la vieille camaraderie qui avait uni Bonaparte et Lannes. Elle ajoute : « Quelquefois ce maréchal voulait s'en souvenir ; on le rappelait à l'ordre avec ménagement ».

que j'avais à me plaindre d'un procédé aussi peu délicat. » (1)

Nous l'avouons, nous croyons là plutôt à un malentendu qu'à une trame perfide. Comme nous le disait un éminent écrivain à qui nous citions ce fait et qui a été l'un des juges les plus sévères de Napoléon, M. Ernest Bertin, il y a eu chez le grand homme un sentiment qui, du moins, était resté debout au milieu de toutes ses fautes, celui de la camaraderie militaire, surtout à l'égard de Lannes.

Du reste, le général Marbot qui, à deux reprises, s'est occupé du pénible incident qui atteignait Lannes dans son honneur d'homme et de soldat, en donne une explication qui laisse intacts ici le caractère de Napoléon et l'honorabilité du futur maréchal.

« Le général Bonaparte, après son élévation au consulat, » dit Marbot au premier tome de ses mémoires, « forma une garde nombreuse dont il mit l'infanterie sous le commandement du général Lannes. Celui-ci, militaire des plus distingués, mais nullement au fait de l'administration, au lieu de se conformer au tarif établi pour l'achat des draps, toiles et autres objets, ne trouvait jamais rien d'assez beau, de sorte que les employés de l'habillement et de l'équipement de la garde, enchantés de pouvoir traiter de gré à gré avec les fournisseurs, afin d'en obtenir des pots-de-vin, croyant d'ailleurs leurs déprédations couvertes par le nom du général Lannes, ami du premier consul, établirent les uniformes avec un tel luxe, que lorsqu'il fallut régler les comptes, ils dépassaient de 3oo.ooo francs (2) la somme accordée par les règlements ministériels. Le premier consul, qui avait résolu de rétablir l'ordre dans les finances, et de forcer les chefs de corps à ne pas outrepasser les crédits alloués, voulut faire un exemple, et bien qu'il eût de l'affection pour le général Lannes, et fût convaincu que *pas un centime* n'était entré dans sa poche, il le déclara responsable du déficit de 3oo.ooo francs, ne lui laissa que huit jours pour verser cette

(1) Voir plus haut.
(2) M. Collot dit 4oo.ooo.

somme dans les caisses de la garde sous peine d'être traduit
devant un conseil de guerre ! Cette sévère décision produi-
sit un excellent effet, en mettant un terme au gaspillage qui
s'était introduit dans la comptabilité des corps ; mais le
général Lannes, quoique récemment marié à la fille du
sénateur Guéhéneuc, était dans l'impossibilité de payer,
lorsque Augereau informé de la fâcheuse position de son
ami, court chez son notaire, prend 3oo,ooo francs, et charge
son secrétaire de les verser au nom du général Lannes dans
les caisses de la garde ! Le premier consul, informé de
cette action, en sut un gré infini au général Augereau, et
pour mettre Lannes en état de s'acquitter envers celui-ci, il
lui donna l'ambassade de Lisbonne, qui était fort lucra-
tive (1). »

Ainsi, suivant la version de Marbot, non seulement le
général Bonaparte n'avait pas vu avec déplaisir l'intimité
de Lannes et d'Augereau, mais il aurait été reconnaissant
à celui-ci de la généreuse assistance donnée à celui-là.

Au second tome de ses mémoires, le général Marbot
revient sur cette affaire. Il rattache la découverte du déficit
à la jalousie que Murat nourrissait à l'égard de Lannes et
qui éclata à cette bataille d'Essling où ce dernier trouva la
mort.

Cette jalousie datait de la campagne d'Italie en 1796.
Bonaparte, très attaché d'ailleurs à Lannes, aiguillonnait
entre les deux officiers devenus généraux, une rivalité qui
excitait leur zèle, mais qui inspira une véritable haine au
futur roi de Naples. Bessières, très attaché à Murat, saisis-
sait toutes les occasions de dénigrer Lannes.

Toujours selon Marbot, Murat et Lannes recherchaient
tous deux la main de Caroline Bonaparte. Pour aider son
ami à gagner à sa cause Mme Bonaparte, Bessières, membre
du conseil d'administration chargé de la répartition des
fonds, avait dénoncé à Murat le déficit qui existait dans la
caisse de la garde. Marbot dit ici que le premier consul
retira à Lannes le commandement de la garde et lui accorda

(1) Général MARBOT, *Mémoires*, tome I.

un délai d'un mois pour combler le vide de la caisse. Au tome Iᵉʳ, Marbot avait dit que le délai était de huit jours.

Nous rencontrons une autre contradiction dans le récit de Marbot. D'après sa première version, au moment où le déficit fut constaté, Lannes venait d'épouser Mˡˡᵉ Guéhéneuc. Il ne pouvait donc alors prétendre à la main de Caroline Bonaparte. Suivant Bourrienne, ce serait Joséphine qui aurait proposé à Murat d'épouser Caroline ; et Murat, hésitant, aurait consulté M. Collot, « qui était de bon conseil en toutes choses et que l'intimité de Bonaparte avait initié dans tous les secrets de sa famille. M. Collot, poursuit Bourrienne, conseilla à Murat d'aller sans perdre de temps faire au premier consul la demande officielle de la main de sa sœur. » S'il en était ainsi, Bessières n'aurait pas eu besoin de perdre Lannes pour attirer à Murat la préférence de Joséphine. Ajoutons que si Lannes avait été le rival de Murat, son ami M. Collot n'aurait pas encouragé celui-ci à épouser Caroline. La seconde version de Marbot est d'ailleurs, répétons-le, démentie par la première qui nous montre Lannes marié alors à Mˡˡᵉ Guéhéneuc.

La duchesse d'Abrantès, bien informée, puisque son mari avait été, suivant M. Collot, le seul témoin de la scène violente qui eut lieu entre Bonaparte et Lannes, la duchesse d'Abrantès nous fait entendre que ce fut Joséphine qui dénonça Lannes au premier consul, pour disculper à ses dépens « les vrais coupables » du déficit. Nous ignorons quel mystère se cache sous ces lignes. Dans l'entrevue orageuse dont le chevaleresque M. Collot n'osait reproduire les détails injurieux pour une femme, Lannes ne ménagea point Mᵐᵉ Bonaparte. Il se répandit contre elle en propos dont le plus doux était « qu'au lieu d'écouter des *caquetages de femme*, et surtout de *vieille femme*, » Bonaparte ferait mieux d'en prendre une jeune » (1).

Que Joséphine fût ou non coupable en cette affaire, c'est à elle qu'échut la mission d'apaiser Lannes en lui offrant l'ambassade de Portugal. Elle n'y aurait pas réussi sans

____

(1) Duchesse D'ABRANTÈS, *Mémoires*, tom. IV.

peine, mais sa grâce aurait triomphé d'un ressentiment d'autant plus profond que le cœur de l'ami et l'honneur du soldat se seraient trouvés atteints. « La paix fut faite, dit M. Collot, et ce général partit. C'est de lui, que je voyais alors fréquemment, que j'ai su tous ces détails.

« Quand il rentra dans l'armée, il servit avec même ardeur, même fidélité; mais ce ne fut pas avec le même sentiment. Il fit tout pour la gloire, tout pour son pays, rien pour son maître. Le procédé dont il avait été victime ne put jamais s'effacer de sa mémoire. L'histoire rapportera peut-être un jour un de ses propos à l'empereur Alexandre pendant son séjour à Tilsitt. Ce propos prouvera combien ce général avait peu de confiance aux paroles de Napoléon. »

Quel que pût être ce propos, nous regretterions que le bouillant maréchal l'eût adressé à un souverain étranger, fût-ce même à un prince magnanime comme l'était l'empereur de Russie. Ce sont là discordes de famille qui ne doivent pas franchir le seuil du grand foyer, la patrie.

Le jour approchait d'ailleurs où, sur le champ de bataille d'Essling, tous les ressentiments devaient se fondre dans l'étreinte du dernier adieu. Marbot qui soutenait le maréchal pendant la suprême entrevue du mourant avec l'empereur, déclare que Lannes ne fit nul reproche à Napoléon. Ce jour-là, les larmes que l'empereur répandit sur son compagnon de guerre, venaient heureusement démentir le stoïcisme qui, au début de la campagne d'Italie, avait froissé le cœur aimant et tendre de M. Collot.

Marbot nous raconte comment l'inimitié de Murat avait poursuivi jusque sur le champ de bataille d'Essling le héros qui allait y tomber.

Combien différentes furent les relations de Ney avec Lannes! Rivaux de gloire, certes, ils le furent, mais combien généreux! Avec M. Collot, voyons-les se disputer le prix de la valeur.

Après Tilsitt, le maréchal Ney, se trouvant à Fontainebleau avec le maréchal Lannes, attribue à son intervention décisive la victoire de Friedland. Lannes prouve que déjà, grâce aux dispositions qu'il avait prises, le fruit était mûr quand Ney est venu le cueillir. Et devant sa démonstration irréfutable, son rival, le brave des braves s'écrie devant ceux qui écoutent cet héroïque débat :

« Monsieur le Maréchal, je suis forcé de vous reconnaître pour mon maître. »

VIII

LE PETIT MANUSCRIT DE M. COLLOT. — NAPOLÉON, LE COMTE DARU, NÉPOMUCÈNE LEMERCIER. LA MAISON DU POÈTE. — LES SUCCESSEURS DU COMTE DARU ET DE LEMERCIER A L'ACADÉMIE FRANÇAISE. — LEMERCIER ET VICTOR HUGO. — UN HOTEL DU QUAI D'ORSAY.

Mais à l'épopée impériale succède la sombre tragédie qui s'ouvre avec la campagne de Russie.

C'est ici que se place le petit manuscrit de M. Collot, *Napoléon, Daru, Lemercier, la maison du poète.* Sans doute, M. Collot tenait le fait du comte Daru. Tous deux devaient s'aimer : Horace était leur lien.

« Au retour de la fatale campagne de Russie, dit notre narrateur, l'empereur Napoléon, témoin du zèle infatigable de M. Daru, frappé de ses avis judicieux dans les questions les plus graves et surtout de l'énergie héroïque qu'il n'avait cessé de manifester dans les circonstances périlleuses qui avaient assailli notre armée durant la retraite, sentit le besoin d'en témoigner à ce ministre sa haute satisfaction.

— Que puis-je faire pour vous ? lui dit-il.

— Sire, vos bontés m'ont mis au-dessus de tous les besoins et m'ont élevé au comble des honneurs. Je dirai donc ce qu'Horace disait à Auguste (1) : « *Hoc erat in votis ; di meliora fecere ;... nil amplius oro* (Ce qui était l'objet

---

(1) Inexact ; c'est à Mécène qu'Horace tient ce langage, *Sat.* II, 6, 1-4.

de mes vœux les dieux me l'ont accordé et de meilleures choses encore ; je ne demande rien de plus).

— Si vous n'avez besoin de rien, l'empereur a besoin de prouver qu'il distingue et récompense les services, surtout quand ils sont aussi éminents que les vôtres. Je veux donc que vous me demandiez quelque chose ; si ce n'est pour vous, demandez pour vos amis.

— Sire, j'en ai un très malheureux.

— Quel est son malheur ?

— Il a encouru votre disgrâce.

— Comment ?

— Sire, il est républicain.

— C'est donc un maniaque ; ils ne sont plus dangereux. Que demandez-vous pour lui ?

— Sire, qu'on lui paye sa maison, démolie de votre ordre.

— Elle n'est pas payée ?

— Non, Sire.

— Quel est le propriétaire ?

— Népomucène Lemercier.

— L'auteur d'*Agamemnon* ?

— Et d'un cours de littérature fort estimé. »

Le poète Lemercier ! Pour l'empereur, que de souvenirs dans ce nom ! Ils s'étaient aimés autrefois. Madame de Beauharnais était liée avec lui avant son mariage. M. Legouvé qui à beaucoup connu et aimé Lemercier et qui nous a révélé tout le charme de cette noble et sympathique physionomie, nous a conté avec sa verve spirituelle comment la belle créole l'avait consulté avant de répondre à la demande du jeune général. « Elle se souciait médiocrement de ce petit officier, maigre, jaune, brusque et fort négligé de sa personne. Il lui faisait un peu peur. La journée de Vendémiaire et la façon dont il avait balayé l'insurrection sur les marches de Saint-Roch, l'avaient placé très haut dans l'estime des militaires ; mais Joséphine, élégante, légère, femme du monde et de plaisirs, ne démêlait pas le grand homme derrière cet étrange personnage dont la beauté sévère semblait presque de la laideur au milieu des grâces

raffinées du Directoire. Lemercier la décida d'un mot :
« Ma chère amie, croyez-moi, épousez Vendémiaire. » —
Bonaparte, à son tour, avec sa puissance de coup d'œil,
avait bien vite deviné Lemercier. Il l'aima autant qu'il pouvait aimer, et, chose plus rare chez lui, il l'honora. Son
mépris natif et encore instinctif pour les hommes, ne rencontrait pas sans surprise une âme qu'il sentait inaccessible
à toute tentation ; et sa merveilleuse intelligence ne se las-
sait pas de fouiller dans cet esprit d'où les idées jaillissaient
inépuisables, comme un flot de source. Il l'emmenait à la
Malmaison, et là, pendant des soirées entières, se faisait
raconter par lui l'histoire de France. Lemercier se livrait
avec enthousiasme à cet entretien, tressaillant à la pensée
d'être pour quelque chose dans la grandeur morale de celui
qu'il croyait né pour la liberté de la France comme pour sa
gloire (1). »

C'étaient d'heureux jours alors que ceux de la Malmaison. Victor Hugo en a consacré le souvenir. Quand, la
nuit, Lemercier prolongeait ses travaux, le premier consul
entrait dans sa chambre, lui soufflait sa lumière et se sau-
vait en riant comme un fou. En ces temps-là, Bonaparte
ne songeait pas encore à « tuer » les tragédies de son ami :
il se bornait à les sabrer, et encore, si Madame de Rémusat
s'était prêtée à la substitution, lui eût-il volontiers fait
endosser la responsabilité du dommage (2). Du jour où
Napoléon lui laissa entrevoir l'ambition de monter sur le
trône, Lemercier se retira. « C'est Napoléon seul qui m'a
brouillé avec Bonaparte, » disait-il. — « Vous vous amusez
à refaire le lit des Bourbons, vous n'y coucherez pas, » lui
avait-il dit, à lui-même. Et lorsque Napoléon, fondant l'ordre
de la Légion d'honneur, le comprit parmi les premiers
chevaliers de l'ordre, Lemercier refusa par une lettre
devenue historique, dit M. Legouvé.

Le « bras de fer » qui avait réussi à faire triompher l'ordre
à cette époque ne s'était malheureusement pas borné à

<hr>

(1) *Soixante ans de souvenirs.* Ma jeunesse.
(2) Madame DE RÉMUSAT, *Mémoires.*

cette tâche; il pesait lourdement sur les intelligences les plus hautes, les plus fières. Avec Châteaubriand, Mme de Staël, Benjamin Constant, Ducis, Delille, — Lemercier fut l'un des six « réfractaires » à qui Victor Hugo a rendu ce superbe hommage : « Grâce à ces six caractères, sous ce règne qui supprima tant de libertés, qui humilia tant de couronnes, la dignité royale de la pensée libre fut maintenue. »

Après avoir vainement essayé d'attirer Lemercier dans l'orbite de la littérature officielle, l'empereur le frappa dans sa fortune comme dans ses œuvres. Lemercier avait une propriété qui fut rasée pour le percement de la rue des Pyramides et qui ne lui fut point payée. Il savait que l'empereur n'attendait qu'un mot « de sa main » pour lui faire rendre justice : « Il aima mieux, dit M. Legouvé, vivre pauvre à un cinquième étage. » Ses œuvres dramatiques étaient successivement défendues par la censure avant leur apparition sur la scène ou dans le cours de leurs représentations. L'une de ses pièces, *Christophe Colomb*, fut interdite après avoir été jouée onze fois « militairement devant les baïonnettes », dit Victor Hugo, qui ajoute : « Il envoyait ses pièces à la censure comme un général envoie ses troupes à l'assaut. » En dix ans, il eut « cinq grands drames tués sous lui ». Ici encore il savait que l'empereur cesserait le combat s'il lui rendait son épée : il la garda.

Or, en cette même année 1812, qui devait être si fatale à l'empire, Lemercier se rendait aux Tuileries avec l'Institut. Il avait alors la conviction que, sous le règne de l'empereur, l'ostracisme frapperait toutes ses œuvres. Laissons encore ici la parole à Victor Hugo :

« Dès que Napoléon l'aperçut, il vint à lui. — Eh bien, Monsieur Lemercier, quand nous donnerez-vous une belle tragédie? » M. Lemercier regarda l'Empereur fixement et dit ce seul mot : « Bientôt, j'attends. » Mot terrible, mot de prophète plus encore que de poète! Mot qui, prononcé au commencement de 1812, contient Moscou, Waterloo et Sainte-Hélène ! »

Et c'était au lendemain de Moscou que M. Daru demandait à Napoléon justice pour le prophète de malheur.

— Demandez-moi toute autre chose, répondit l'empereur.

— C'est la seule que j'aie à désirer.

— Mais connaissez-vous sa conduite envers moi? J'ai tout fait pour l'attacher à mon gouvernement, lui faire adopter mes principes. Non seulement il les a combattus, mais il a repoussé mes faveurs et m'a poursuivi de ses sarcasmes.

— Sire, je connais ses torts. Ils sont expiés par sept ans de souffrance. Vos bontés m'ont encouragé à vous supplier d'y mettre un terme, et j'ai cru aussi que je devais saisir ce moment pour offrir à Votre Majesté l'occasion de faire éclater sa clémence. »

« Après quelques jours d'attente, cette maison d'un prix considérable fut payée; et Lemercier et sa famille furent délivrés de la gêne qui les tourmentait. »

Telle n'était pas la conclusion de M. Barrière au jour où, modifiant quelque peu le manuscrit de M. Collot, il reproduisit cette anecdote dans son feuilleton littéraire des *Débats* (31 décembre 1850). « Hélas! ajoutait-il, j'ai le regret de le dire, les nobles sentiments du ministre n'avaient pas entièrement touché, ramené l'empereur. Le règlement fut fait des mains de la rancune. »

M. Barrière devait être bien informé par sa situation à l'Hôtel de ville. C'est lui aussi qui nous fait savoir que la propriété de Lemercier consistait en deux maisons; il n'était question que d'une dans notre manuscrit.

Maintenant, comment concilier la fière attitude de Lemercier avec l'ode que le poète réfractaire écrivit, en 1810, pour célébrer le mariage de l'empereur avec Marie-Louise? Mme de Rémusat, très sympathique d'ailleurs à Lemercier, nous révèle ce curieux détail. Mais le poète voulait être de l'Académie française, nous dit le petit-fils de l'aimable épistolière, et pour cela il fallait se concilier l'empereur. Il n'en fut pas tout à fait ainsi sous le règne de Napoléon III. Peut-être aussi une croissante détresse causa-t-elle une défaillance momentanée au père de famille.

« T'ai-je dit que Lemercier était nommé ? » écrit Mme de

Rémusat à son mari, au mois d'avril 1810. Nos anciens de l'Institut sont furieux. Hier, je me suis amusée à me moquer de Suard et de l'abbé (Morellet ?) ; moi, j'en suis fort contente à cause de l'argent. J'ai relu son ode qu'il m'avait dite. Ma foi, tout bien considéré, je la trouve fort mauvaise, à quelques belles idées près... » Et quelques jours après, le 18 avril : « Le ministre de la police a dit hier, en revenant, que l'ode de Lemercier avait fort réussi à Compiègne. » Où est ici le *poète réfractaire* qui, près de deux ans après, lançait à l'empereur son terrible : « J'attends ! » Mais depuis, la censure avait continué de persécuter le poète, et le propriétaire demeurait frustré du prix de ses maisons.

En prêtant son appui à Lemercier, le comte Daru obligeait à la fois un ami et un confrère. Tous deux devaient avoir pour successeurs deux des trois grands poètes du siècle : Lamartine et Victor Hugo.

Lamartine a dignement loué dans le comte Daru l'administrateur intègre jusqu'à l'inflexibilité, le lettré délicat qui traduisit Horace, l'historien de Venise et de la Bretagne.

Victor Hugo avait plus de mérite à faire l'éloge de Lemercier, le classique intraitable qui s'était écrié :

Avec impunité les Hugo font des vers.

Mais ce souvenir ne fit que rendre plus généreux envers la mémoire de Lemercier celui que le hasard malicieux lui donnait pour successeur. Au fond, et toutes proportions gardées entre le génie de l'un et le talent de l'autre, n'y a-t-il pas quelque affinité entre ces deux poètes dont l'imagination unit la bizarrerie à la hardiesse ? Lemercier n'a-t-il pas, lui aussi, abusé de ce poison que l'auteur de *Lucrèce Borgia* a si abondamment répandu dans sa coupe poétique ? Et puisque j'ai parlé de la séance académique où Victor Hugo vint occuper le fauteuil de Lemercier, comment ne pas rappeler le rire qui, au grand scandale de M. de Salvandy répondant au récipiendiaire, interrompit l'orateur au moment où il félicitait le poète d'avoir élevé l'*art scénique* à une grande hauteur ?

Victor Hugo ne s'était guère permis qu'une petite malice

dans son éloge de Lemercier. Il le peignit monarchiste de naissance, comme il convenait à un filleul de la princesse de Lamballe, — mais non pas fixé à jamais dans l'immobilité de ses opinions. Seulement, il réfléchissait avec tant de maturité à ce qu'il devait penser des événements, que le jour où il se ralliait à une forme de gouvernement, ce gouvernement n'existait plus ; le poète était condamné à être toujours de l'opposition. « En 1789, disait spirituellement Victor Hugo, il était royaliste, ou, comme on parlait alors, *monarchien* de 1785 ; en 93, il devint, comme il l'a dit lui-même, libéral de 89 ; en 1804, au moment où Bonaparte se trouva mûr pour l'empire, Lemercier se sentit mûr pour la république... Son opinion était toujours mise à la mode de l'an passé. » Nous dirions aujourd'hui que sa montre ne s'arrêtait pas, mais qu'elle retardait, marquant 85 en 89, 89 en 93 ; et, en 1804, non pas 93, mais au moins 92.

Victor Hugo lui-même n'avait-il jamais varié ? Il avait célébré *l'enfant du miracle*, et, dans son discours de réception même, le rajeunissement de la maison de Bourbon par la branche cadette alors régnante ; — il devait célébrer aussi la république de 48 ; — seulement il n'avait pas attendu le lendemain ! Il s'était vêtu « à la mode du jour », et sa montre marquait bien l'heure. Elle ne s'arrêta qu'au jour où la liberté fut menacée. Le proscrit de 1851 perdit plus que sa maison ; il perdit le sol de la patrie et pour le retrouver il attendit, lui aussi, selon le mot de Lemercier. La chute de l'empire seule le ramena en France, et il mourut républicain impénitent.

Tout en soulignant les lentes évolutions de son prédécesseur à l'Académie française, Victor Hugo s'était arrêté à un trait touchant. A mesure que l'auréole du malheur s'étendait sur le front de Napoléon, l'amitié d'autrefois renaissait dans le cœur du poète récalcitrant à la puissance impériale. Il était déjà bien malade lorsqu'il apprit, au mois de mai 1840, que le gouvernement du roi Louis-Philippe avait obtenu, par de généreuses et patriotiques démarches, la translation des cendres de Napoléon en

France. On ne savait pas encore que l'un des fils du Roi, le jeune vainqueur de Saint-Jean d'Ulloa, se rendrait à Sainte-Hélène pour en rapporter ce glorieux cercueil. Il n'était question alors que du fidèle général qui avait accompagné l'empereur dans son exil. Pâle et tremblant, le vieux poète se leva, lut que « le général Bertrand irait chercher l'empereur, son maître... » — Et moi, s'écria-t-il, si j'allais chercher mon ami le premier consul ! » Il pleurait.

Huit jours après il était parti.

— « Hélas, disait sa veuve,... il ne l'est pas allé chercher, il a fait davantage, il l'est allé rejoindre. »

M. Legouvé rapporte qu'en apprenant la mort de Napoléon, Lemercier avait fondu en larmes. La source de ces larmes généreuses n'était pas tarie près de vingt ans après.

C'était aussi la translation des cendres de Napoléon aux Invalides qui avait inspiré à M. Collot son poème (1). Ainsi que Lemercier, il avait gardé au fond du cœur l'affection vouée au général Bonaparte, et qu'il avait cessé de témoigner à l'empereur.

A ce moment, M. Collot ne demeurait plus à la Chaussée-d'Antin. Il habitait le joli hôtel que Visconti avait édifié pour lui sur le quai d'Orsay, et qui, au nº 25, déploie aujourd'hui encore cette façade dont les deux terrasses se relient par des rampes gracieuses. De là, l'octogénaire avait sous les yeux les Tuileries d'où rayonnait autrefois la gloire impériale, les Champs-Elysées sillonnés par la grande armée après ses triomphes. Autour de lui s'élevaient les demeures de quelques-uns des héros qu'il avait célébrés : Masséna, Ney, Eugène de Beauharnais, Lobau, Mortier. Plus d'une était veuve de ses habitants. Il était loin le temps où, au milieu des illuminations du 15 août et des cris délirants du peuple, Napoléon, mêlé incognito à la foule, se promenait sur la terrasse du bord de l'eau, en

---

(1) Le premier chant avait été publié le 16 décembre 1840. Les deux premiers chants formaient le volume qui parut en 1846 et que M. Collot dédia à Mme la marquise de Talhouët.

jetant un regard ému sur la rive opposée qui abritait tant de gloire (1).

M. Collot vit l'aurore du second empire. Il mourut en 1853. Il avait 89 ans.

Dans cette riante demeure, il était demeuré fidèle au culte de ses chers classiques. J'en ai pour témoin un feuillet de deux pages, non signé, mais de la même ferme écriture que le petit manuscrit napoléonien : la traduction de deux odes d'Horace, *faite à l'âge de 88 ans*, dit le titre. Cette traduction en vers est gracieuse et limpide.

Une belle et nombreuse famille entourait M. Collot. De son mariage avec Mlle Anne-Claudine Lajard, il avait eu cinq enfants, un fils (2) et quatre filles. Le 23 août 1828, sa fille aînée, Anne-Louise, épousa le vicomte de Vaudreuil, premier secrétaire d'ambassade à Londres. Elle était belle et spirituelle, dit le maréchal de Castellane dans ses *Mémoires*, à la date du 26 août 1828. Plus loin, il décoche quelques traits malicieux à la jeune femme, que les échos plus ou moins fidèles du monde lui montrent très enivrée de son nom et de sa brillante situation. Le 2 février 1831, d'après un récit de Mlle Delphine Gay, il nomme Mme de Vaudreuil dans le gracieux essaim qui, au bal de la vicomtesse de Saint-Priest, attire les hommages du beau et chevaleresque duc d'Orléans (3). Trois ans après, elle était veuve, et, en 1837, se mariait avec le comte de Radepont.

La seconde fille de M. Collot, épousa le vicomte de Saint-Aignan, le 7 mai 1831. La troisième, Victoire, fut unie au marquis de Lillers, le 13 mars 1834. La quatrième ne se maria pas.

M. Collot avait auprès de lui sa petite-fille ; ravissante jeune fille dont la beauté blonde et rose, la grâce candide, la bonté de cœur étaient le sourire, le rayon, la consolation de sa verte vieillesse. Elle venait d'épouser, le 29 mars 1853, le comte de Périgord, jeune parent de Talleyrand, le

(1) *Mémoires de la duchesse d'Abrantès*.
(2) Mort sans postérité en 1872.
(3) *Mémoires du maréchal de Castellane*, II.

célèbre ministre qui fut un ami de son grand-père. Et l'aïeul, presque nonagénaire, dont l'existence avait traversé deux siècles, et la jeune femme devant qui la vie s'ouvrait radieuse et belle, n'étaient qu'à peu de distance l'un de l'autre devant le seuil de l'éternité. Elle lui survécut quelques mois (1), et c'est une lettre bordée de deuil — lettre d'une mère désolée — qui clôt, dans les papiers de M. Barrière, la correspondance de la famille Collot :

« Votre fidèle souvenir pour ceux que j'ai le plus aimés m'arrache, Monsieur, le premier mot que j'ai pu exprimer depuis la mort de ma fille. Qu'il vous prouve que les sentiments qui animaient mon père vivent encore en moi, et que la douleur qui a brisé mon cœur n'y a pas éteint la reconnaissance.

« COLLOT, *vicomtesse de Saint-Aignan.* »

Cette lettre n'est pas datée, mais le souvenir dont la pauvre mère remerciait M. Barrière était sans doute l'hommage ému qu'il avait consacré à son père et à sa fille dans les *Débats* du 29 mars 1854, et où il rappelait d'une manière touchante les vers de Virgile : *Manibus date lilia plenis.* Jetez des lis à pleines mains !

Il fut du moins épargné à l'aïeul de répandre lui-même sur la tombe de sa petite-fille, les lis du poète qui lui était cher entre tous, et dont les sereines harmonies reposaient son âme au lendemain de la campagne d'Italie.

______

(1) Elle mourut le 6 février 1854, à l'âge de vingt-un ans.

Lyon. — Imprimerie Emmanuel VITTE, rue de la Quarantaine, 18.

L'UNIVERSITÉ

CATHOLIQUE

Revue publiée sous la direction

D'un Comité de Professeurs des Facultés Catholiques de Lyon

Avec le concours

DE NOMBREUX SAVANTS & ÉCRIVAINS

REVUE PARAISSANT LE 15 DE CHAQUE MOIS

On s'abonne au Secrétariat général des Facultés catholiques, rue du Plat, 25 ; chez M. Emmanuel VITTE, *libraire-éditeur,* place Bellecour, 3, et dans tous les bureaux de poste.

Le meilleur mode d'abonnement est l'envoi d'un mandat-poste de 20 francs à l'adresse du gérant (M. l'abbé CHATARD, *Facultés catholiques, rue du Plat, 25, Lyon*), ou à celle du libraire de la Revue (M. Emmanuel VITTE, *place Bellecour, 3*).

Lyon. — Imp. Vitte, rue de la Quarantaine, 18.

9 782019 967536